Think critically

Is that true?：Critical Thinking for Sociologists

クリティカル・シンキングで真実を見極める

ジョエル・ベスト
Joel Best
飯嶋貴子［訳］

慶應義塾大学出版会

IS THAT TRUE? Critical Thinking for Sociologists
By Joel Best

Published by arrangement with University of California Press
Through The English Agency (Japan) Ltd.

謝辞

このプロジェクトの話をもちかけてくれた人たち、そして、様々な段階の原稿をチェックし、コメントをしてくれた人たちに感謝したい。特にエリック・ベスト、ケイティ・ボーグル、アーロン・フィヒテルベルク、ケン・ハース、スコット・ハリス、ジム・ホルスタイン、ブライアン・モナハン、ラリー・ニコルス、ダン・オコンネル、ダイアン・パイク、マイロ・シールド、マック・サマラッテ、そしてデイヴ・シュウェイングルーバーといった人たちだ。彼らは数多くの非常に有益な提案をしてくれた。本書ではその多くを採用したが、どれをとっても本書の欠点に責任を有するものではない。カリフォルニア大学出版局では、特に社会学担当の編集者ナオミ・シュナイダーと、原稿の校閲をしてくれたアン・カンライトの両氏に感謝したい。

目次

凡例

・原著のイタリックは、訳者の判断により、キーワードおよびキーセンテンスについては太字、強調の場合は傍点、書名は『　』で示した。
・訳注は本文中に〔　〕の中で示した。
・原注は*1、*2、*3……で示し、原著通りに巻末にした。
・参考文献は、原書を参考にしつつ、本文中で言及されていながら参考文献に掲載されていないものについては補足、追加した。
・主な用語の訳語「クレイム（claims）」、「議論（arguments）」、「前提（grounds）」、「論拠（warrants）」、「偏り（bias）」などについては、ジョエル・ベスト『社会問題とは何か――なぜ、どのように生じ、なくなるのか？』（赤川学監訳、筑摩書房、二〇二〇年）を参考にした。

第1章

クリティカル・シンキングとは何か？

What Is Critical Thinking?

政治家が母性とアップルパイ〔アメリカの伝統的価値観で、否定しようのない、きわめてアメリカ的なもの〕を支持するのと同じくらい、何かを教える立場にある人はほぼ全員、クリティカル・シンキングを称賛する。[*1] 大学教授は、教え子がクリティカル・シンカー〔批判的に考える人〕になることを望んでいるという点で意見が一致しているが、これはもっと年少の生徒を教える教師にも当てはまる。クリティカル・シンキングを教えることは最も重要な仕事の一つだと、小学一年生や二年生の先生が宣言するのを聞いたことがある。ほとんどすべての教育者がこの規則に従っている。[*2]

とはいえ、あるものが良いということに事実上すべての人が同意していても、おそらくその定義の仕方は一人ひとり異なっているのではないだろうか。**クリティカル**という用語は、様々な意味をもつことがある。かつて私がクリティカル・シンキングについて肯定的に話したとき、一人の学生がぞっとしたように後ずさりして、「すみません、私は**クリティカルな**人間にはなりたくありません！」と言ったのを思い出す。さらには、自分は「批判的人種理論《クリティカル》」とか「批判的動物研究《クリティカル》」……等々を進んで採用していると、大胆にも公言する社会学教授もいる。大体どういうことかおわかりだろう。このように使用された場合、**クリティカル**という用語は通常、そのアプローチがある種のリベラルな／進歩的な／急進的な／左翼的な政治的観点に同調していることを示す。実際、彼らは**クリティカル**という用語を一種のブランド名のように使用し、現状維持を保とうとしているとの理由で彼らが非難するライバル学派の思想と、自分たちのアプローチを対比させようとしているのだ。彼らは、「クリティカル」なアプローチを採用すれば自分もクリティカル・シンカーになれると思い込んでいるのかもしれないが、それは私がここで言う「クリティカル・シンキング」を意味するものではない。

本書はむしろ、クリティカル・シンキングを、**クレイム**を評価するための一連の**ツール**とみなしている。クレイムとは、何かがそうであると断言するあらゆる言明のことである。私たちは会話や書物やメディアのなかだけでなく、実際、他人と関わりをもつあらゆる場面でクレイムと遭遇しており、そうしたクレイムの解釈の仕方を必要に迫られて学んできた。私たちはクレイムを、説得力があるかないかで分類し、信頼できるように見えるクレイムを特定するときは**事実**とか**情報**といった用語を使用し、より疑わしく見えるクレイムを分類するときは**うわさ**とか**虚偽**《フェイク》といった用語を使用する。これらの区別は早いうちから学ぶ。たとえば子育ての多くは、幼い子どもが、自分が耳にしたこと（「あの子はちょっとからかっているだけだ」、「私は本当に真剣に言っている」、「それは単なる当たり障りのない作り話だ」など）をより良く評価できるようになるための手助けをすることと関係している。ある時点で、子どもたちはテレビ番組とコマーシャルの内容を区別することを学んだり、広告主のクレイムは完全に真実であるとは限らないことを理解したりしなければならない。私たちは歳をとるにつれて、お世辞や賛辞は、その人が実際に思っていることではない場合があるということを学ぶ。それは私たちのほとんどが、選挙運動中になされる対戦相手のクレイムを軽視することを学ぶのと同じである。私たちは疑わしいクレイムを、本当である可能性がより高いように見える他のクレイムと区別することを学習するのだ。

クリティカルに考える能力は重要である。クリティカル・シンキングができない人はどういう人か想像してみよう。おそらく、あまりにも暗示にかかりやすい（そして攻撃を受けやすい）ために、あらゆる宣伝文句を真に受けて、売り込まれている製品を急いで買いに行ったり、どんな政治家も説得力があると思い込んでしまったりするような人だろう。もちろん、そこまで弱い人はそれほどいない。しかし、自分に何かを売りつけようとしている人から言われた言葉に懐疑的になったり、それを不審に思ったりすることは役に立つスキルではあるが、それだけでは十分ではないのだ。私たちは常に、新しい話や本や記事のなかで、様々なクレイムに遭遇する。ラジオやテレビ、オンライン上の誹謗中傷やブログの投稿、ポッドキャスト、ダウンロードした動画、ソーシャルメディアにもクレイムがあふれている。これらのクレイムをどのように評価すればよいか？　本当のこととして受け入れられそうなものと、疑うべきものとを、どのように区別すればよいのだろうか？

こうした判断をするとき、人にはそれぞれ異なる基準がある。歴史を通して一般的とされてきた基準は、何が本当かを私たちはすでに知っていると仮定することだった。つまり、知っておかなければならないすべての真実が書かれた聖なる本があり、この本に書かれていることと一致するかどうかで、すべてのクレイムを判断すればよい。もしくは偉大な思想家――アリストテレス、孔子、マルクスなど――がすでに世の中の成り立ちを説明しているのだから、そうした古典的な解釈とどれくらい合致しているかという観点から現代のクレイムを評価することができる、と。何が正しく、何が本当かをすでに知っていると仮定することは、たとえそれが、異なる見解をもつ人は無視してもよいということを証明するだけのものであっても、慰めにはなる。宗教をめぐって口論になったことのある人なら誰しも、なんらかの権威ある教義を信じている人の意見を変えるのは難しいということを知っている。

本書ではクリティカル・シンキングを、クレイムを評価するための比較的控えめな代替的アプローチとして提示する。何が本当かを私たちはすでに知っていると単純に仮定するのではなく、その仮定は間違っているかもしれないという可能性を考慮することがクリティカル・シンキングには必要になる。根本的に、**クリティカル・シンキングは証拠に関わることである**。証拠とは、クレイムが本当かどうかを判断する手助けとなるような情報である。クレイムを耳にしたら、私たちはそれに賛成または反対する証拠を評価すべきなのだ。そのクレイムは些細で個人的なことに関するものかもしれないし（「あなたのそのヘアスタイルが好き」）、もっと大勢の受け手に向けられたものかもしれない（その日のトップニュースなど）。どちらでもかまわない。クリティカルに考えるには、クレイムの証拠を詳細に調べ、それが説得力のあるものかどうかを決定することが必要になる。したがって本書で「クリティカル・シンキング」と言及するときは、証拠を念入りに検討し、より強い証拠とより弱い証拠とを区別する方法を意味する。

こうした種類のクリティカル・シンキングには歴史がある。それは啓蒙思想の時代——すべての真実は聖書またはアリストテレスのなかにあるとする考えに異議を唱える、一七世紀後半から一八世紀にかけての時代——に流行し始めた。その代わりに人びとは、観測可能な事実と情報、すなわち証拠を集め、評価することを始めた。たとえば望遠鏡を使って惑星や恒星を観察し、自分が実際に見たものから、地球は太陽の周りを回るという確信を得ることで、地球は宇宙の中心にあるという神学者らの主張に反論したのである。後に彼らが顕微鏡を使って、病気の原因になると思われる小さな微生物を特定したことにより、医学の権威たちは、身体の四体液の不均衡が病気を引き起こすというアリストテレスのモデルを不本意にも斥けざるをえなくなった。これらは厳しい論争となった。神学者や物理学者のなかには、この新しい考えに反対し続ける者もいた。しかし今日、こうした証拠の数々が勝利を収めている。ほとんどの人が、地球は太陽の周りを回り、細菌が病気を引き起こしうるということを受け入れている。とはいえ私たちは、その他多くのことについても、いまだに議論を続けている。ほとんどの人がいまでは、その証拠が示していることに賛成できないとしても、証拠は重要だということに合意している。

証拠を念入りに検討するという意味でのクリティカル・シンキングは、一種のスキルである。それは学習することができ、練習すれば上達もする。もしかしたら皆さんは、クリティカル・シンキングを教えるのは重要だということに、これほど多くの教育者が賛同していると知って驚いているかもしれない。あなたの高校では結局、クリティカル・シンキングの授業はなかったかもしれない。あなたが受けていたのは、数学や科学、言語や文学、社会学や歴史といった授業だ。それでも先生はおそらく、こうした授業のすべてがクリティカル・シンキングのスキルを教えていると考えていただろう。たとえば、数学は数学的推論をすることを教え、文学の授業は演劇や詩の分析に関わり、歴史は重要な出来事の様々な説明を評価することを促した。こうした授業は、数学、文学、歴史の本質に関わるものを教えることを目的としていたが、それはさらに、学生たちをよりクリティカルな考え方ができる人、すなわち、問われている主題について何かを知るだけでなく、それらの授業から学んだ分析スキルを様々な主題や文脈に応用できる人にすることも意図されていたのである。

クリティカルに考えることを学ぶ主な理由は、教育レベルと収入の間に強い相関関係があるからだ。平均的に見ると、高卒者は中退者より稼ぎがいい。大学に通った人は、高校を出てからどこにも進学しなかった人より稼ぎがいい。大学を卒業した人は、学位のない人よりずっと稼ぎがいい。大学院や専門課程へ進学し、修了した人は、大卒者より稼ぎがいい。なぜこれが本当だと言えるのだろうか？高校や大学の授業の多くは、ほとんどの仕事に直接的な関係はないように見える。しかし、そうした授業で扱う内容よりも、学生が大学で良い成績を収めるために必要なクリティカル・シンキングのスキルを身につけることのほうが重要なのだ。大卒者は、難しい資料を十分理解できるような読み方をし、情報を見つけ出してその質を評価し、自分自身の理にかなった議論を発展させ、系統立てて発表することを学んだはずだ。演習――割り当てられた課題を読んだり、テスト勉強をしたり、学期末レポートを書いたりなど――を修了することにより、学生は次第に洗練されていくクリティカル・シンキングのスキルを発展させ、それを利用するようになる。根本的に、そうした比較的希少かつ貴重なスキルによってこそ、より良い教育を受けた人は高賃金の職に就く資格を得るのだ。

言い換えれば、**クリティカル・シンキング**という言葉は曖昧で、抽象的で、実用的ではないように見えるかもしれないが、実際は教育への鍵となるのである。小学生によく出題される次のような質問を考えてみよう。「一二五頭の羊と五匹の犬の群がいます。羊飼いは何歳でしょうか?」[*3] 数学の教師は、この質問をされた子どもたちは、たとえば二五など（125÷5＝25）、なんらかの数字の答えを出すことが求められていると決めこんでいることに着目する。結局のところ、算数を学ぶ生徒は常に、正しい数字の解答を導き出す計算が要求される「文章題」に取り組んでいるのだ。ところが、この羊飼いの質問は、問題を解くための情報が何一つ与えられていない。羊の数も犬の数もどちらも、羊飼いの年齢とは何の関係もない。正しい答えは、羊飼いが何歳かを知る方法はない、である。この答えに行き着くにはクリティカル・シンキングが必要になる。つまり、利用できる情報が、その質問に答える上で十分かどうかを評価するということだ。別の言い方をすれば、教育とは本来、学生に意味と無意味を区別することを教えるはずのものだということである。結局、クリティカル・シンキングは、きわめて実用的なスキルセットなのだ。

証拠を評価するには数多くの方法があり、学問分野が異なれば重視するクリティカル・シンキングのスキルも異なる傾向がある。[*4] 本書では社会学者のためのクリティカル・シンキングについて議論する。なぜ社会学なのか? 第一に、私自身が社会学者なので、私が知っていること、研究していること、そして教えていることが社会学だからである。きわめて一般的な意味でのクリティカル・シンキングを取り扱っている本はたくさんある。その多くは哲学者が書いたもので、私からすればひどく抽象的に見える。私が関心を抱いているのは、クリティカル・シンキングの壮大な理論的原理というよりも、どうすればいま現在、現役で活動している社会学者がよりクリティカルに考えることができるかを理解することなのだ。

とりわけ本書では、社会学者や他の社会科学者が行う社会問題に関する議論について、クリティカルに考えることに焦点をあてる。ごく手短に言えば、社会科学とは研究——私たちが住む社会から証拠を特定し、収集し、評価すること——を通じて、社会生活をより良く理解することに関わっているということだ。社会科学者がこうした研究に基づいて行う議論は、人々がどのように、そしてなぜそのようにふるまうのか、その行動がどのように社会問題を悪化させる（または軽減する）可能性があるかを説明しようとする。社会的行動に関する説明がすべて、社会科学的推論を含んでいるとは限らない。たとえば犯罪について、「人は生まれながら罪を負っている」（特定の宗教的教えに基づく議論）と説明する人もいるが、そのクレイムは検証可能な社会科学の命題ではないため、きわめて有益なものとして社会学者の心を打つことはない。そもそも検証可能な命題とは何か？　それをこれから本書で探究していく。

私は社会学者なので、私が提示する多くの実例には社会学的なテーマが含まれると思うが、私が伝えなければならないことのほとんどは、他の社会科学的アプローチにも適用できる。これには人類学、コミュニケーション学、犯罪学、経済学、地理学、歴史学、政治学、心理学など、他の学問分野の社会科学的な領域が含まれる。その他、地域研究（アフリカ研究や東アジア研究）、民族研究（黒人研究やチカーノ／ラテン研究）、女性学など、多分野にまたがる学際的な「研究」プログラムも含まれる。社会科学の議論はまた、しばしばビジネス、教育、法律、医学、公共政策、ソーシャルワークなどの専門学部に設置される、クライアントとの専門的な共同研究に関わる様々な応用分野に見られることもある。

こうしたすべての分野に、社会生活を科学的に理解しようとする人がいる。つまり、証拠に基づいて人々の行動パターンを説明しようとする人だ。その結果として生じる議論が重要なのは、それらがしばしば、多くの人に影響を及ぼす社会政策の正当性を証明するために利用されるからである。だからこそ私たちは、これらの議論についてクリティカルに考えることができるようにならなければならない。だが、社会学者の考え方に焦点をあてる前に、議論のしくみについて考える必要がある。

まとめ

・クリティカル・シンキングでは、議論を裏付ける証拠を念入りに検討することによって、その議論を評価することが必要になる。

第2章

社会についての「議論」とは何か？

The Basics: Arguments and Assumptions

本書では、**議論**という言葉は単純に、説得する試み、つまり結論につながる一つ以上のクレイムをもつ一連の推論を意味する。議論はドラマチックである必要もなければ、敵意をもつものである必要もない。たとえばジョンが「いま雨が降っているし、濡れたくないから、雨がやむまで外出するのを待ったほうがいい」と言ったとしたら、これは彼が議論をしていることになる。議論は、基本的な情報を与える**前提**（いま雨が降っている）と、なんらかの結論を引き出すことの正当な理由となる**論拠**（濡れたくない）、そして**結論**そのもの（だから、雨がやむまで外出するのを待ったほうがいい）から構成される。*1

クリティカル・シンキングとは、ある議論を評価したり査定したりして、それが説得力のあるものかどうかを確かめることを意味する。たとえばジョンの議論を考えてみると、こんな疑問が浮かんでくるかもしれない。雨はまだ降っているか、外出が億劫になるくらい激しく雨が降っているか、雨に濡れるのは実際にそこまで気になることなのか、濡れても構わないと思えるほど、いますぐに外出しなければならない急用があるのか、等々。その答え次第では、ジョンの議論は説得力があるということに合意して屋内で待つことを選ぶかもしれないし、議論に説得力がないと考えれば、リスクを冒してでも出かけようと思うだろう。

すべての議論は前提、論拠、結論で成り立っているため、クリティカルに考えるには、これらの要素のそれぞれを評価する必要がある。前提となる言明とは、現状に関するクレイムのことである。ジョンの議論で前提となるのは、いま雨が降っているというわかりやすいクレイムだ。私たちはこのクレイムを、外を見て本当に雨が降っているかどうか確かめることによって評価できる。もしくは、どれほど激しく雨が降っているかとか、「雨が降っている」とは実際に何を意味するか——霧雨か小雨か弱い雨か、また屋内で待ちたいと思わせるほどの降雨量か？——等に関する話し合いを始めるかもしれない。その他のクレイム（「貧困は差別や問題のある社会的取り決めが原因である」とか、「貧困は努力を挫かせるような文化によって引き起こされる」など）は、実例、統計、定義などあらゆる種類のより複雑な証拠によって裏付けられているかもしれないし、そうした前提となる言明にアプローチする方法は様々である。その言明は本当であるように思えるか？　その言明を**評価**するための十分な証拠はあるか？　その証拠は強力に見えるか、それとも弱い部分があるか？　私たちが知りたいと思うことが他にもあるか？　等々。議論はいくつかの言明から成る精巧な前提を備えている場合があり、そうした前提を批判する理由もたくさんあるかもしれない。

論拠とは正当化することである。それは価値観に訴える。濡れたくないという論拠は、ジョンの結論が正当だということを証明する。論拠について考える際は用心しなければならない場合がある。論拠はときに暗示的だからだ。議論する人とそれを聞く人が同じ価値観を共有している場合、その議論の論拠を詳しく説明する必要はないように思えるかもしれない。つまりジョンは、避けることができるのであれば誰も濡れたいとは思わないだろうと仮定している可能性があるため、わざわざ論拠を述べたりせず、単純にこう言う。「いま雨が降っているし、濡れたくないから、雨がやむまで外出するのを待ったほうがいい」と。論拠を批判することに気まずさを感じるのは、批判する人が議論する人と異なる価値観を擁護している場合、根本的な意見の相違のほうに注意が向いてしまう恐れがあるからである。それでも、論拠はあらゆる議論において不可欠の要素であり、前提と同様、クリティカルに評価することができる。前提と論拠は議論の結論の基礎を形成し、その目的は**なぜなら**とか**〜だから**といった言葉で示すことができる（先の例では「いま雨が降っている**から**」）。

　最後に、議論の結論は、前提と論拠を合わせたものの論理的結果として提示される。たとえば、**だから**とか**したがって**といった言葉で結論を示すときがある。それ以外の場合、結論は暗示的になる。また、議論を**もし〜なら……となる**と断言することで表現することもできる。たとえば、**もし**雨が降っているということと、濡れたくないということに合意する**なら**、屋内で待ったほうがいいという結論にたどり着く、というように。一方で、ある議論の結論を批判し、その結論に従う必要がない理由を指摘することもできる。おそらくこれは緊急の場合（アイスクリームを切らした！）や、雨が激しく降っていても外出する**必要がある**、または傘や雨具が十分にあるから、濡れることなく快適でいられる、といったような場合だろう。このように議論をすることはしばしば、それが唯一可能な結論であることを示唆するが、にもかかわらず、前提や論拠だけではなく、結論についても批判的なコメントをすることが可能な場合がある。

この前提―論拠―結論という枠組みは、哲学者スティーヴン・トゥールミンの『議論の技法』から借用した。議論を理解しようと試みる哲学者には長い歴史がある。彼らは通常、二つの主題について書く。すなわちレトリック（修辞）とロジック（論理）だ。レトリックは説得の研究であり、議論がいかに、そしてなぜ説得力があるように見えるかを理解するものである。たとえばジョンのレトリックは、屋内で待つことを納得させるに十分なほどの雨が降っていることを指摘していたか、それとも――たとえばジョンが、「雨が降っている」と言うだけでなく「雨がどしゃ降りだ」と主張することによって――議論がより差し迫ったものに見えるようにクレイムを変えることができたか？　ということだ。一方でロジックは、議論の強さを評価しようと試みる。つまり前提と論拠が、その議論の結論を受け入れようと理性的に考えている人を納得させるに十分なものかどうか、ということだ。論理学者（ロジックを研究する哲学者）は、論理的誤謬――必ずしも結論につながるとは限らないような議論の不完全な形態――を見極める（誤謬については後の章でもう少し詳しく説明する）。

どんな議論も仮説に依存している。これらは、当然とされているために語られることのない前提や論拠の一部であることが多い。これは必ずしも懸念をもたらすとは限らない。たとえば私たちは日常的に、重力が働いていると仮定し、私たちが話をしている相手も間違いなくそれに合意すると思っている（対象がたまたま宇宙空間にいる場合は別だが）。しかし、災難を招きかねない仮説が数多く存在するのだ。

たとえば、自分とはまったく異なる宗教的信念や政治的意見をもっている人と話をするとき、意見の不一致が生じることが予想される。神が存在すると確信している人と、そうでない人との間でなされる宗教に関する会話は、結果的に話がまったく噛み合わない可能性が高い。それぞれが、他方が受け入れられない批判的仮説を立てるだけでなく、自分自身の仮説を当然のものとみなし、それが仮説に過ぎないことに気づかない可能性があるからだ。自分自身の仮説を認識することさえ難しい場合があるのだから、それらをクリティカルに考えることが困難であるのは言うまでもない。なぜなら、結局はそれらが本当であると私たちはすでに確信しているからである。

とはいえ、仮説は議論に必要なものである。私たちは、自分が申し立てるありとあらゆるクレイムにつながる一連の推論をすべて提供することが期待されることはない。同時に、自分が実際に仮説を立てていることを認め、疑われたときはそれらを説明し、擁護する準備を整えておかなければならないということを認識する必要がある。

自分と同じ意見の人の議論についてクリティカルに考えることのほうが、異なる意見の人の議論を批判するよりはるかに難しいという傾向がある。

自分とは異なる見解に直面すると、その議論をこきおろしたり、その仮説と推論の欠陥を特定したりするのは簡単だと私たちは思う。一方で、見解を同じくする人からのクレイムには及第点をあげてしまう。おそらく心のなかでは、その人の議論は完璧ではなく、証拠も少し弱いし、ロジックにも若干不備があると思っていても、そこまで批判的になることはないはずだ。なぜなら根底では、その人たちは正しいということに合意しているからである。このことは、次章以降のいくつかのポイントで再び取り上げる。

同じ意見の人の議論についてクリティカルに考えることが難しいとしたら、自分の議論を批判するのはもっと難しい。

自分のずさんな考えに対して、ある種の選択的無知を示すことは簡単だ。同時にそれは危険でもある。というのも、自分自身の議論をクリティカルに考えなければ、そのクレイムに異議を唱えることは簡単だと他者に思わせてしまうからである。自分の議論を調べ、その限界について考え、これらの問題に対処した後で、他者にそれを提示するほうがはるかに良い。万全とは言わないまでも、少なくともできるかぎり批判するのが難しいような推論をすべきなのだ。

したがって多くの場合、クリティカル・シンキングにおいて最も重要なのは、自分自身のアイデアについてよく考え、推論のなかで見つけたあらゆる問題に対処できるようにすることである。

すべてのクリティカル・シンキングには、前提、論拠、結論の評価が必然的に含まれる。これは見た目ほどシンプルではない。こうした評価をするには多くの方法があるからだ。本書は主に、社会学者や他の社会科学者による議論に焦点をあてるが、まずは日常生活のなかで遭遇する議論について詳細に調べることが有益だろう。

まとめ

・すべての議論には、前提、論拠、結論、そして仮説が含まれる。クリティカル・シンキングはこれらの要素を評価することに関わっている。

・議論をクリティカルに考えることは、意見を異にするときに最も容易となり、意見を同じくするときにより難しいものとなり、その議論の張本人である場合に最も難しくなる。

第3章

日常生活のなかの議論

Everyday Arguments

私たちの多くは、社会の様々な側面について議論すること——論争することとさえも——を楽しんでいる。最新ニュースの見出しから近所の散歩に至るまで、あらゆることがそうした会話にインスピレーションを与える。ある意見がつぶやかれ、誰かが賛成派か反対派に加われば、そこで議論が始まる。

こうした会話は、リラックスしたものになりがちで、何に貢献でき、何に貢献できないかということは問わない。人びとが行う議論——前提、論拠、結論を伴うもの——は、厳重な検査を受けることはほとんどない。その結果、こうした状況で何をクリティカル・シンキングと呼ぶことができるかについては、明確な基準がないということになる。

本章では、論理的欠陥のある日常的な議論に共通するいくつかの要素について詳細に調べる。それらはつい使いたくなったり、表面上は説得力があるように見えたりすることもあるが、そこには理解しなければならない限界がある。

エピソード

議論はしばしば、その人自身が経験したことに関する話を取り上げる。たとえば、「つい先日のことなんだけど……」というように。こうした話は通常、話者が一般的なものとして理解してもらえるつもりでいる事柄の直接的な証拠を提示したり、より幅広いクレイムの裏付けとして特定の実例を示したりすることが意図されている。たとえば、「レストランのテーブルに二人の人が座っていたんだけど、どちらも自分の携帯しか見ていなかった。世の中の人は、面と向かって話をするという能力を失いつつあるね」といった具合だ。

また、エピソードが直接的ではないケースもある。話者が友人から聞いた、またはニュースで知ったストーリーを伝えているような場合だ。しかしここでも、この事例はどことなく典型的だという含意がある。たとえば、社会福祉制度の給付金を不正に請求した人の例は、この制度の受給者の多くが本当は支援を必要としていない、またはそれを受けるに値しないと主張したいときに使える。*1

こうしたエピソードは、それを語る人にとってはきわめて説得力があるように思えるかもしれないが、これを特に強力な証拠だとみなすべきではない。あるストーリーが人の注意を引くに十分なほど異彩を放っていたり、忘れられないものであったりという事実そのものが、その事例はまったく典型的ではないと思わせてしまう可能性があるからだ。一つの例（ある貧乏な人がいて、その人は怠け者だという印象があるような場合）では、大まかな一般化（貧乏人は皆怠け者である）の根拠としては弱い。結局、この広い世界は、様々な生活をする何十億もの人びとが占有しているのだ。自分が目撃したもののストーリーが全世界の複雑さを表現することができないのは、一枚の写真が、自分が見たかもしれないもののすべてを描写することができないのと同じである。たとえ誰かが二つか三つ、またはそれ以上の例でもって私たちを満足させることができたとしても、私たちは皆、多かれ少なかれ、限定された社会的状況のなかを移動しているに過ぎないということを認識する必要がある。たとえば、サリーという名の先生がいるとしよう。サリーは自分が受け持つクラスに、素行の悪い生徒がいることに不満をもっている。おそらく彼女はたくさんの例を挙げて、自分のクラスの生徒は本当に厄介な集団だということを私たちに納得させるだろう。では、彼女がクラスで経験していることは、他のクラス、他の学校で起こっている多くのことについても当てはまるということに、私たちはどれほど確信がもてるだろうか？

エピソードはほとんど必然的に、典型的ではない行動、または普通ではない行動――話者の注意を引き、誰か他の人に話したくなるほど興味深いような事柄――に関するものである。ある程度の距離を車で走ったあとに、赤信号で停止したすべてのドライバーについて誰かに話そうなどとは思わないだろう。話したくなるのは、赤信号を無視したドライバーについてだ。

たとえばカルロスがあなたに、赤信号を無視したドライバーを見たと話し、こう言い切ったとしよう。「道でそういうことをするドライバーがいるから、交通はますます危険な状態になっているのだ」

と。しかし交通取締機関がまとめた統計を見れば、交通事故の死亡者数は、実際には過去数年間で劇的に減少しているのがわかるだろう。*2 明らかに、これは、カルロスが赤信号を無視する人を見なかったということではなく、信号無視をするドライバーこそ昨今の車道が昔より危険になっていることの証だとする彼の結論に対して、私たちに疑問を抱かせることになるかもしれないということだ。

もちろん、交通事故の死亡者数は減っているとあなたが教えてあげたとしても、カルロスは、そんな統計は関係ないと答えるかもしれない。結局、彼が赤信号を無視するドライバーを見たとき、誰一人死に至らなかったのだ。このことは、証拠に関する重要なポイントを提起する。証拠が完全だったり、完璧だったりすることはほとんどない。ドライバーが赤信号を無視する正確な割合を知る方法はない。すべての赤信号にすべてのドライバーがどう反応するかを監視することはできないし、たとえできたとしても、同様の測定をするために過去に戻ることはできないのだから、信号無視が増加したこと（またはこの場合、減少したこと）を証明することはおそらくできないのだ。そこで私たちは手に入れることのできる最善の証拠を探し求める。法的処罰の対象には決してならないような軽度の追突事故とは対照的に、死に至るほど重大な事故はほぼ確実に報告されるため、結果として交通事故の死亡者数はかなり正確なものになるだろう。したがって、赤信号を無視したドライバーに関するカルロスのエピソードに、交通事故の死亡者数が減少しているという証拠でもって対抗することは理にかなわない。無謀な運転がもっと普通に行われるようになったら、事故も増え、それに応じて死亡者数も増えるはずである。

交通事故の死亡者数という証拠の価値について議論を続けることは、確かに可能だ。たとえばカルロスは、無謀な運転が増えれば致命的とまではいかない事故が大幅に増えるだろうと言うかもしれない。しかし、そのクレイムを裏付ける証拠がそれ以上なければ、彼の議論は見掛け倒しとなる。ここでのポイントは、議論を成功させるには証拠が鍵となるということだ。

エピソードにはもう一つの特徴がある。エピソードは通常、一連の出来事を説明する——Qが起こり、次にRが続き、そしてSになった、というように。こうしたストーリーや物語には、それぞれに特有の限界があるということを正しく理解することが大切である。物語はどうしても選択的になる。起こったことのすべてを盛り込んだ話をすることは不可能なのだ。Q—R—Sという一連の出来事を重視すれば、必然的にAからPまでを無視することになる。

物語についてクリティカルに考える一つの方法は、その要素の選択について問うてみることだ。関連するすべての出来事が含まれているか？　物語の順序のそれぞれの部分が無関係になっていないか？　といったことだ。つまり、要素を追加したり（Q—R—SではなくP—Q—R—Sというストーリーを語る）、または逆に要素を減らしたり（Q—Sだけにする）したほうが、わかりやすいのではないか？なぜそれが起こったか——どういう経緯で、最終的にこのレストランで食べることになったのかということから、奴隷制度が原因で南北戦争が起こったのかということに至るまで——に関する意見の相違は、しばしば、ストーリーを理解するためにどの要素を選択するかということを中心に展開している。

ストーリーに不可欠な要素について意見が一致しているときでさえ、解釈の仕方が異なる場合がある。カルロスが信号無視をしたドライバーの話をするとき、彼はそのドライバーが単に無謀だったということを示唆しているのだが、考えられる別の説明を提示して、それを批判する人もいるかもしれない。もしかしたらそのドライバーは急いでいたのかもしれない、等々。一連の出来事のなかの関連する要素について合意することは、ある一つの解釈について人びとが合意に至るということを意味するとは限らない。関連がある、または本当だと自分で思っているものにうまく合致するストーリーは受け入れ、その他のものは自分が信じていることに反するように見えるから認めない、という傾向が私たちにはあるということに留意してほしい。

私たちは皆、エピソードを利用している。物語はものごとをより明確にすることができ、だからこそ作家やジャーナリストは、自分の著書やニュース記事を、そのテーマに人間的側面を添えるような実例で始めることが多いのだ。しかしエピソードには限界がある。たとえば、何の見境もない宣言――「世界は地獄に落ちるだろう！」など――をする人が証拠――「なぜそんなことが言えるのか？」――を求められ、携帯電話ばかり見ている人や信号無視をする人などのエピソードでもってそれに答えたとする。一見したところ、このシンプルな証拠は、結論を裏付けるのに十分なように見えるかもしれない。しかし、エピソードというものは常に弱く、完璧ではなく、証拠と同様、不完全なのである。社会生活を理解したいのであれば、具体的な例の先に進む努力をしなければならない。

人物に焦点をあてる議論――対人論証

対人論証〔個人を攻撃する議論〕とは、言われた内容ではなく、言った人に焦点をあてる議論のことである。「まあ、あの人は環境保護主義者［または保守派、もしくは（　　）な人（空欄を好きな言葉で埋めよ）］だから、耳を傾ける必要はない」というクレイムは、そのメッセージがある特定の人物から発せられているという理由で、それを拒否しているのだ。これがなぜ危険なのかと言えば、その人が示そうとしているかもしれないあらゆる考えから、聞き手を閉め出してしまうことになるからである。

言うまでもなく、人は多くのものごとについて意見を異にしている。しかし自分と異なる意見をもつ人が言うかもしれないことを単純に無視したり、即座に拒否したりしてもよいと考えるのは間違いである。議論が弱いという理由でそれを拒否するのはよいが、自分とは意見が異なるだろうと思われるような人が言ったからといって、それを拒否するのはよくない。

対人論証に陥るのは魅力的なこととも言える。私たちのほとんどは、特定の政治的、宗教的見解を含む複雑なアイデンティティをもっており、他の人はこの見解に賛成しないことを知っている。自分をリベラルだと考える人は、他の人はみずからを保守的だと考えていることに気づく。その逆もまたしかりだ。私たちはおそらく、柵の向こう側にいる人びとが考えていることとの大まかな説明をすることはできるだろうし、彼らの議論が予測のつくものであることにも気づくだろう。自分はすでに、彼らが何を言おうとしているかを知っていると考えるかもしれない。それでも、自分とは異なる意見をもつ人びとのカテゴリーに属しているというだけで、その人の議論を無視することは、推論の誤りである。

*ad hominem*という用語は、ラテン語で「対人」という意味がある。この言葉には、議論をしてい

る人がもっていると思われる動機や偏見《バイアス》には歩み寄るが、その議論に本来備わるロジックや証拠は無視するという過ちが含まれる。これは何世紀も前、当時の学識ある人びとがラテン語で自分たちの分析を書き表していたころに名付けられた論理的誤謬である。*3

クリティカル・シンキングの鍵は証拠を評価することである。評価することは受け入れるということではない。すでに指摘したように、エピソードは比較的弱い証拠の形態であると主張したり、ある特定の出来事を説明しただけでは、幅広く一般化するには根拠に欠けるといったことを議論したりするのはなんら悪いことではない。しかしそれは、ストーリーを語っている人があなたとは異なる信念をもっているからという理由で、そのエピソードの関連性をも拒否することとはまったく異なる。

激しい対立が起こると、しばしば、民族性や宗教、政治的意見に基づく中傷など互いに対して否定的で敵意のある評価をするようになる。これらのレッテルを互いに貼ったり貼られたりするうちに、個人を攻撃する批判が促進されていく。たとえば、ジェインは（　　）（なんらかの軽蔑的なレッテルで空欄を埋めよ）だから、彼女の考えも、彼女の証拠さえも――彼女が自分のクレイムを裏付けるものとして提示した証拠であろうと、私たちの議論に対する批判として提示した証拠であろうと――聞く必要はない、といったように。これは魅惑的な考え方である。というのもそれは、相手のことを真剣に受け止めなくてもよいという口実をつくらせるように見えるからだ。そしてそれは私たちを、おなじみの誘惑へと立ち返らせる。私たち自身が返答として申し立てているクレイムについてクリティカルに考えるという、はるかに難しい作業とは対照的に、単純に相手の議論を批判（または無視）すればよいのだ。対人論証がきわめて危険なのは、それらが私たちを、自分と見解を同じくする人びとのなかに群がらせ、クリティカル・シンキングの実行力を行使できないようにしてしまうからである。

本章は日常的な議論の落とし穴に焦点をあてるが、対人論証については、社会学的推論を扱う後の章のなかで、さらに詳しく討論する場を設けたい。

現代社会のなかの神話

個人を攻撃する批判と同じく、何かを「神話」と呼ぶことも、ある議論を、その利点を考えることなくあっさり退けることを正当化するもう一つの方法だ。実際に神話について研究する民話研究者は、神々の起源の物語や、世界がどのようにしてできたかについて言及するためにこの言葉を用いる。文化が異なれば神話も異なる――ギリシャ人もローマ人も、ノース人〔中世初期の北ゲルマン民族言語グループでノルド語を話す人びと〕もナバホ族も、皆それぞれ独自の神話をもっている。とはいえ、日常会話のなかで神話というのは、それがつくり話だということや、思いちがいをしている人だけが信じているということを意味する。その論拠は、私たちはアフロディテやトール〔雷神〕を描いた物語をフィクションだと思っているため、現実の話ではないということこそ、こうした神話の主な特徴に違いないということになるだろう。社会科学者は、この言葉を次のように用いることがある。たとえば、レイプ神話というものがある。つまり、信じる人は信じるかもしれないが、分析者が見ればそれが虚偽《フェイク》とわかるような一連の言明（「女性が男性をそそのかしている」、「女性はレイプされたいという妄想を抱いている」など）のことである。同様に、結婚神話や災害神話、移民神話などもある。

これまで見てきたように、なんらかのクレイムに関する証拠を注意深く検討し、証拠があまりにも弱いから、そのクレイムは退けるべきだと主張することは、なんら悪いことではない。はっきりしないのは、そうしたクレイムに神話というレッテルを貼ることが有益かどうかということだ。クレイムを神話と呼んでそれを退けるには、単にそれが誤りであると宣言すればよい。たとえば「Xが起こると信じている人もいるが、それは真実ではなく、単なる神話だ」と言うなど。しかしこれは何を意味するのだろうか？　議論となっているのは、Xは決して起こらないからそれが神話であるということなのか、それとも、それがたまにしか起こらないということなのか？　それとも？　対人論証と同じように、神話というレッテルは、実際に証拠を評価せずに議論をあっさりと退けることを奨励する。

これは、ある特定の考えに異議を唱えようとする人が利用できる戦略だ。地球温暖化神話とか不平等神話、または実質的にどんな社会問題でも、それに「神話」という言葉をプラスしてグーグルで検索してみるとよい。こうした人びとのすべてが事実上、**神話**という言葉を利用して、誤解している人のなかにはXを信じる者もいるかもしれないが、Xはただ単に間違っている、思い違いだ、と言おうとしているのだ。

ここでも、相反する見解をもつ人は、相手側の主張が神話だと宣言することが多いということに留意したい。たとえば、「打破すべき一〇の中絶神話」と題された『ハフィントンポスト』紙の記事の出だしはこうだ。「一・神話：中絶は危険である」。一方で、*LifeNews.com*に投稿された「完全にその誤りを暴くべき一〇の中絶神話」と題された記事は、次のように始まる。「神話：中絶は安全である」。[*4]

また、銃に関する相反するリストを見ると、『ザ・フェデラリスト』の「なぜか廃れない七つの銃規制神話」と題された記事で議論されている二番目の神話には、「誰も銃の没収を要求していない」とある。ところが、『マザー・ジョーンズ』誌〔時事問題や社会問題を取り扱う雑誌〕の「二〇の銃所持賛成神話を撃墜せよ」という記事は、第一の神話として次のようなことを言っている。「彼らはあなたの銃を取り上げにくる」と。[*5] こうした相反する神話発見の例は、単に虚偽《フェイク》──または神話──という烙印をクレイムに押すのは、あまりに安易なのではないかということを示唆している。

私たちはそれが、これらの言葉のいくつかを定義する手助けになっているのではないかと疑うことができる。こうした人びとは、「安全」、「危険」、「没収」、「取り上げにくる」という言葉によって、正確には何を言おうとしているのだろうか？　神話を特定するこれらのクレイムは、ある種の絶対主義に賛同しているように見える。もし何かが完全に真実ではないとしたら、それは絶対的に誤りであるはずだ。定義を明確にすることにより、この混乱をいくぶん解消できるかもしれない。中絶を例に挙げよう──それは安全か、それとも危険か？　一つのアプローチとして考えられるのは、中絶は医療処置であり、どんな医療処置も失敗する危険性を孕んでいるということを認めることだ。しかし私たちは、医師が行う大多数の中絶は、たとえば大多数の盲腸の手術と同じく、重篤な医学的合併症を引き起こすことはないだろうと思いながらも、ごく少数の中絶に問題が生じる可能性があることは認めている。[*6] 問題となるのはおそらく、中絶が完全に安全〔中絶を経験した女性で被害に遭った人は一人もいないという意味で〕かどうかではなく、比較的安全〔めったに被害に結びつかないような、他の確立された医療処置は安全だとみなされているという意味において〕であるかどうかということなのだ。この定義は、中絶は他の一般的な医療処置と同じくらい安全であるという議論につながる可能性がある。一方で、別の定義――たとえば、実際に起こった傷害の証拠がどんなものであれ、中絶はリスクを伴うとの考えを正当化する――が、この処置や他の多くの医療処置は、なんらかの危険性を孕んでいるということの承認につながる可能性もある。どちらのクレイムにせよ、それを理解するには、使用されている定義と証拠の両方を検討する必要がある。単純に**神話**という言葉を無理やり押し付けて、問題解決とするわけにはいかないのだ。

しかし証拠を検討するということこそまさに、何かを神話と呼ぶことによって妨害しようとしていることなのである。ある特定の信念がなぜ精査に耐えることができるか、またはできないかに理由を与えることは、クリティカル・シンキングの一形態だが、あるクレイムに対して「それは神話だ」と答えることは、事実上、そこに推論の必要性はなく、問題は解決したということの主張なのである。クリティカル・シンキングは私たちに、証拠を検討することを要求する。それは必ずしも論争を終わりにはしない。分別のある人であれば、その証拠をどう解釈するかについて、それでも異議を唱えるかもしれない。しかし少なくともそれは、話し合いのためのより確固たる基盤を提供するのだ。

世間知と隠喩《メタファー》

民話研究者のなかには、神話を研究することに加えて、アフォリズム――日常的な議論を裏付けるために引き合いに出されるような、ちょっとした言い回し――を研究する人もいる。アフォリズムには矛盾が多い。たとえばボブが、ある仕事を引き受けるかどうか決めかねているとしよう。マリアは

「ためらう者は機会を逸する」と言って彼をせき立てる。しかしヴィンスはこう付け足す。「転ばぬ先の杖だよ」と。この二つの使い古された忠告は、正反対の行動を推奨しているため、おそらくボノの役には立たないだろう。言い換えれば、世間知はひどく柔軟になりがちだということだ。自分が望む議論が何であれ、たいていの場合、それを裏付けるためになんらかのアフォリズムを引き出すことが可能なのである。

雑談に関連する形態として挙げられるのが隠喩《メタファー》の使用だ。ある仕事を引き受けようと思っているとボブが言うとき、それは、表面上は理にかなっているように聞こえるかもしれないが、ヴィンスは「僕としては危険な先行きのような気がするな」とコメントしたり、あるいは、それは氷山の一角に過ぎないなどと言ったりするかもしれない。前者は、小さな譲歩は必然的にさらなる譲歩につながるだろうということ、後者は、目に見えているものはすべて、全体の小さな一部分に過ぎないかもしれないということだ。メタファーは会話を彩るが、最終的にそれがあまりになじみのあるものになってしまうと、人はそれを常套句として退けることになる。しかしメタファーの本当の目的は、より大きな議論を、単一の、聞き慣れた世間知に凝縮することである。

メタファーには、申し立てられているクレイムについてクリティカルに考えることを妨げる可能性があるという問題がある。私たちは皆、ほんの氷山の一角、つまり全体の一〇％くらいしか水面から見えていないということを知っている。メタファーが、たとえば何かの社会問題を説明するために使用されるとき、私たちは最終的に取り組まなければならない、隠された、もっと幅広い問題を想像することが求められている。もちろん、それは真実かもしれない。もしかしたら、その根底にある問題が単に見えないだけという場合もある。しかし、隠されている部分はどれほどの割合か？　本当に九〇％（本物の氷山の下に隠れている大きな塊と同じく）なのか？　それともほんの五〇％くらいなのか？　もしくはもっとずっと少ないのか？　証拠という形では何も提示しないまま、氷山のメタファーは私たちに、この問題は実際そうだろうと思われるものよりもずっと大きいということを想像させる。

アフォリズムとメタファーは言葉を使った手っ取り早い方法だ。これらは一連の推論をほんの数語の、聞き慣れた言葉に詰め込む。それは価値のあることだし、必要なことでもある。[*7]類似点を認識し、それに従って行動するために隠喩的推論を使うことができなかったら、私たちの思考はどれほどつまらないものになるか想像してほしい。とはいえ、メタファーは複雑なものを単純化するがゆえに、私たちを誤った方向へ容易に導いてしまうこともある。メタファーが私たちをどこに導こうとしているのか、そしてそこは私たちがたどり着きたい場所なのかどうかをクリティカルに考える必要がある。

事実《ファクト》とは何か

事実に対する私たちの常識的な認識は、それが単純に真実である何かについて言及しているということだ。「それはまぎれもない事実だ！」という宣言には、ある種、議論を呼ぶ切り札、つまり反論することのできない言明のようなものが意図されていることが多い。同時に私たちは、人はときに、何が事実であるかについて口論になることがあるということも知っている。なぜこのようなことが起こりうるのだろうか？

事実について考えるより良い方法は、事実が社会的合意に依存していることを認識することである。ある特定の宗教に属していて、ある特定の本が聖なるものであり、それは神の言葉であるということに全員が合意しているような集会を想像してみよう。そうした信者の集まりでは、その本が神の意志を明らかにしていることは「事実」だと、誰もが合意しているかもしれない。では、彼らと異なる信念をもつ他の人びとがこの集会に参加したとしよう。その人たちは神を信じていないかもしれないし、また別の本が神の意志を明らかにしていると信じているかもしれない。突然、当事者の間で、何が事実に基づいているかに関して意見の対立が起こることになる。

この例は、事実が社会的であることを示している。事実は人びとが証拠に合意しているかどうかで決まる――そして、こうした合意は変化する可能性がある。いまや小さな子どもでも、地球は太陽系のなかで、太陽の周りを旋回する八つの惑星のうちの一つだということを習う。これは事実として教えられる。ところが私が学校に通っていたころ、太陽系には九つの惑星があると習った。そして一〇〇〇年前の人びとは、太陽が地球の周りを回ると信じて疑わなかった――これが事実だとみなされていたのだ。同様に、一七世紀のマサチューセッツ州では、魔女が本当に存在すると考えられていた。現代に生きる私たちは、こうした確信をばかげたこととして却下する。事実に基づくとみなされるものがこのように変化していくことを、私たちは、証拠に関する人びとの理解力の向上という点から説明する。これによって私たちは、事実に基づくとされた過去のクレイムを誤ったものとして退けることができる。

事実に基づくとみなされるものはさらに、それぞれの集団によって異なる場合もある。ある特定の本が神の実際の言葉であるということが事実として考えられているかどうかは、それを尋ねる相手による。ある信者のグループはそれを真実だと断言するが、より多様な宗教的信念をもつ人びとのグループは、必ずしもそれに賛成するとは限らない。

アメリカ上院議員のダニエル・パトリック・モイニハン（政界に入る前は社会科学者だった）は、「誰もが自分の意見をもつ権利があるが、自分だけの事実をもつ権利はない」と述べたとされている。このことは、二つの相反する言明が両方とも事実に基づくということはありえないという、私たちの常識的な認識を明らかにしている。だからこそ、「もう一つの事実《オルタナティヴファクト》」という表現はすぐさま嘲笑の的となった。二つの正反対のクレイムに直面したとき、クリティカル・シンキングでは証拠を念入りに検討することが求められる。しかしそれとは別の、十分にクリティカルとは言えない回答がある。たとえば、自分のグループが信じていることは真実だとわかっているから、それとは異なることを言う人は間違っていると公言したりすることだ。

証拠を念入りに検討することが、必ずしもその事実が指すものに対する即座の合意につながるとは限らない。相手の証拠や、その証拠の解釈の仕方に疑問を投げかける人がいるかもしれないからだ。強い信念をもつ人は多くの場合、たとえ否定しがたいものとして人の心を打つような証拠を目の当たりにしても、自分が信じるものに固執する。歴史には、世界の終わりが近いという予言を人びとが信じていたという事例があふれている。これまでのところ、そうした予測はすべて誤りだと証明されているが、それでも真の信者のほとんどは自身の確固たる信念を持ち続けていた。*8 疑わしい理論に固執するという傾向は、宗教信者に限ったことではない。科学者もまた、自分の地位を貶めるような発見をなかなか受け入れようとしないことで知られてきた。[*9]

私たちは、事実は事実であり、それは真実であり、最も反論することのできない言葉のようなものだと考えたがる。しかし、事実に基づくとされるものは常に、なんらかの社会的コンセンサスを反映している。ある特定の時期に、何かが真実であるという合意が一部の特定の人びとの間に生じることがある。クリティカル・シンキングは、あるものが真実に基づいているというクレイムに賛成または反対する証拠を、私たちに選り分けさせるツールである。次のように結論づけることができるだろう。証拠はコンセンサスを裏付ける。そして何かが真実であるというクレイムが十分な根拠に基づいていることに異論はない。しかし一方で、何かが事実であると主張したとしても、それ自体では、論争を終わらせるのに十分ではないことを理解する必要もある。

日々の推論の注意点

クリティカル・シンキングは、私たちが皆、毎日やっていることである。私たちは互いに、音楽や食べ物、スポーツ、政治に関する嗜好など、毎日の様々な事柄について議論している。相手の意見に賛成しなかったり、自分の考えを弁護したり、他の人の議論に納得させられたりするのは楽しいこともある。また、同意しないことに同意したり、意見を異にする人の好みをからかったりすることもあるだろう。こうした話し合いのほとんどはカジュアルなもので、それほど重大ではないため、推論の質について過度に心配することはない。しかし、意見の不一致が憎悪に発展するようなことがあると、相手が自分の推論を受け入れてくれないことに欲求不満を感じたりする。本章でこれまで指摘してきたように、ありふれた推論には欠陥がある可能性があるため、それをクリティカルに検討することができるようになればきっと役に立つだろう。

私たちは、十分に気をつけて反論するときは、日常的な議論の文脈でクリティカルに考えることがうまくできている。お気に入りのクォーターバックの優劣や、好きなテレビ番組について論争している二人の話に耳を傾けると、彼らが自分の立場を裏付けるための証拠を示し、相手が提示した証拠を批判していることに気づくはずだ。しかし、すでに互いに合意していたり、それほど気にしていなかったりといった別の状況では、証拠についてわざわざクリティカルに考えるようなことはしないだろう。ただエピソードにうなずいたり、個人的な攻撃を無視したりするだけだ。

そうは言っても、欠陥のある議論が、世界を理解するというような真剣な話になった場合、クリティカル・シンキングは非常に重要なものになる。たとえば社会生活に関する私たちの理解を向上させようとする社会科学者の努力は、クリティカルな評価に値する。これが次章以降で扱う主題である。

まとめ

・エピソードは証拠の弱い形態である。
・対人論証や、クレイムを「神話」として退けることは、クリティカル・シンキングを逃れる方法である。
・アフォリズムとメタファーには、精査が必要な前提が含まれている場合がある。

・事実は社会的合意に左右される。

第4章

社会科学の発想法

The Logic of Social Science

科学の目的は、世界をより良く理解することにある。科学的なクレイムはある特定の基準で評価される。つまり、私たちはクレイムの証拠を得るために世界を観察する。その証拠と矛盾するクレイムは、どんなものでも拒否されるということだ。

社会科学はこうした科学的基準を人間行動の理解に適用しようとする。つまり、社会学者や社会科学者にとってクリティカル・シンキングは、証拠と、その結果としての人びとの行動様式に関する説明を評価することに重点を置いている。

パターンを認識する

社会科学は、社会生活におけるパターンを認識する試みから始まる。これらのパターンは様々である。なかには容易に特定できるものもある。男性は子どもを産めず、それができるのは女性だけである、といったことだ。また、認識するのが難しいものもある。教室の前方付近に座る生徒は後方に座る生徒よりも成績が良いか？　これは本当だろうと思うかもしれないが、後方に座る生徒でも成績の良い子がいるのとまったく同じように、前方に座る生徒全員が特に良い成績を収めているわけではないと想像することもできる。にもかかわらず私たちは、前方に座る生徒は比較的成績が良い**傾向**があると予測しているのではないか。

とはいえ、このパターンが存在する可能性をあれこれ考えているだけでは何も始まらないと思うなら、自分の予測が正しいことを自分自身で確認するため、そしてそれを他人に納得させるための証拠を集める必要があるだろう。たとえばあるクラスで、生徒たちがどこに座るかを追跡し、彼らがどんな成績をとったかを調べることもできる。しかし、たとえ私たちの仮説が立証され、前方に座る生徒のほうが成績が良いということがわかったとしても、その発見に異議を唱える人がいるかもしれない。その特定のクラスからの証拠だけでは、すべてのクラスで同じパターンが得られることの証明になるとは言い難いと主張することもあるだろう。そうした異議はクリティカル・シンキングの一形態であり、ほとんどの研究がこのような批判に直面する。後の章で見ていくように、最善の証拠を集める方法を決定することは、一筋縄ではいかない可能性があるのだ。

因果関係の基準

パターンを見極めるだけでは十分ではない。人は、なぜその特定のパターンが存在するのかと尋ねたくなるだろうから。彼らはそのパターンに関する説明がほしいのだ。説明には、ある原因がある結果を生み出すという議論が必要だ。基本的に、因果関係に関するあらゆる議論は四つの基準を満たしていなければならない。*1 これらの基準の名称は様々だが、それぞれにどんな内容が含まれているかを理解することが重要である。

・時間的先行性

最初の、そして最もシンプルな基準は時間的先行性である。つまり、原因は結果の前に起こらなければならない。先ほどの例では、まず教室に生徒が座るという状況があり、その後に彼らの成績が続く。したがって、生徒がどこに座るかということが、少なくとも原因の一つとして成績に影響を及ぼす可能性があるということは、それなりにもっともらしいと言うことができるだろう。

授業終了後に生徒が受け取った成績が、そのときに座っていた席を決めるという主張は、まったく意味をなさないことに留意してほしい。これが意味をなさないことは明らかであるように見えるにもかかわらず、名高い研究者でさえ、こうした誤りを犯すことがある。たとえば、非常に優れた社会学者のハワード・S・ベッカーは、アメリカ合衆国議会は一九三七年のマリファナ税法（マリファナを禁じるもとになった連邦法）を通過させたのは、連邦麻薬局がPR活動を行い、主要雑誌が薬物の危険性に関する記事を発表した後のことだった、と主張した。これらの記事が世論を喚起し、議会に圧力を加えて法案を通過させるきっかけをつくったというのだ。自身の主張を立証する証拠を提示するなかで、ベッカーは、『定期刊行物のリーダーズガイド』（当時は主要雑誌に掲載された記事に関する最も重要な索引とされていた）によると、マリファナを特集した記事は、一九三七年七月から一九三九年六月までの索引で最も多かったことを指摘している。その期間の『リーダーズガイド』の索引に掲載されているマリファナ関連の記事は一七件だったのに対し、一九二五年から一九五一年までの索引には、四件以上の記事がリストされている巻は一つもなかった。おそらくこうした雑誌記事が社会的関心を刺激し、一九三七年七月の法案通過につながったに違いない、というのが彼の主張だ。[*2]

当初、ベッカーの主張は説得力があるように見えたかもしれないが、ドナルド・T・ディックソンは、それらの雑誌記事が発表された日付を入念に調べ、次のような指摘をした。「四月末から五月初旬に行われた、この税法に関する下院委員会によるヒアリングに先立つ五ヵ月間は、マリファナに関する記事は一つもなく、一九三七年七月に一件あっただけで、その他の記事は、法案が一九三七年八月二日に法制化された後に発表されたものである」と。[*3] 換言すれば、ベッカーが原因として特定したもの――民衆を喚起して議会に行動を起こさせたとされる雑誌記事――は、実際は想定された結果（法案の通過）の後に起こったということである。この事例では、原因は結果の前に起こらなければならないという時間的先行性の基準が侵害されている。[*4]

多くの場合、時間的先行性は、雑誌記事の発行日のようなわかりやすいものによって成立するとは限らない。実際、それは**フィードバック**によって複雑になることがある。つまり、XはYに影響を与えるかもしれないが、その後YがXに影響を与え始める、という場合だ。これは、たとえばある文化が先立ち、それが特定の社会構造を生む原因となったのか、それとも社会構造が先で、同じくそれが特定の文化を発展させる原因となったのかといった、鶏が先か卵が先かという複雑な論争につながる可能性がある。

・パターン化されたバリエーション

これは比較的わかりやすい考え方で、原因と結果の間には、あるパターンがなければならないということだ。照明のスイッチを上げると灯りがつく——または下げると灯りが消える——とき、このパターンは、スイッチを上下に動かすことが照明をつけたり消したりすることの原因になるのではないかと考えることを筋の通ったものにする。つまり、原因と結果は、パターン化された方法で変化しなければならないということだ。もちろん、因果関係のパターンはそれほど単純ではないことが多い。成績の良い生徒は全員、教室の前方近くに座っているといったように、学校の成績は生徒が教室のどこに座るかということと完全に相関関係があるとは誰も思わないだろう。むしろ、前方に座っている生徒は良い成績をとる可能性がやや高い——そして成績が上がる傾向がある——ということを発見する確率のほうが高い。同様に、研究者によれば、喫煙者でも病気にならない人、非喫煙者でも病気になる人はいるものの、喫煙者は非喫煙者と比べて様々な病気にかかる可能性が高いとされている。現状では、パターン化されたバリエーションは傾向を伴う。つまり、原因は結果が起こる可能性を高めるということだ。そうしたパターンを特定し、評価するには、多くの場合、考えられる原因が結果を形成する可能性を測定する統計学を利用する必要がある。

・理論的根拠

因果関係をはっきりさせるための第三の基準は、なぜその原因がその結果を形成すべきなのかを説明する私たちの能力に関わる。たとえば、照明のスイッチを上げると電気回路が閉じ、それによって電流が電球へ流れ、温められたフィラメントが光を発すると説明できるかもしれない。または、教室の前方に座る生徒は注意力が人より高い傾向があり、後方に座る人よりソーシャルメディアの投稿に邪魔される可能性も低く、したがって前方の生徒はより多くのことを学び、それによってテストの点数も良くなり、より良い成績につながると説明できるかもしれない。さらには、私の説明を、電流回路がどのように作用するか、集中力がどれほど学習能力を高めるかについて執筆した経験をもつ、その道の権威と結びつけることもできるかもしれない。これらはすべて、かなり理解しやすい。すべての因果関係の議論には、そうした理論的根拠が必要なのだ。

・非虚偽性

非虚偽性——どこか大げさに聞こえるが、重要な言葉である。明らかに因果的な関係性——時間的先行性、パターン化されたバリエーション、理論的根拠の基準を満たすもの——が無効になる場合があるのは、その関係性が不確かなもの、すなわち、なんらかの第三の要素が原因となっているからである。

少し現実離れした例から始めるとわかりやすいかもしれない。上げると点灯、下げると消灯という照明スイッチのパターンを観察した後、スイッチの切り替えによって照明がついたり消えたりすると発表したとしよう。ところがトーニャはこう答える。「いや、照明はレプラコーンという目に見えない妖精がコントロールしていて、こちらがスイッチを切り替えるたびに、妖精が悪戯心で照明をつけたり消したりしているのだ。灯りがつく本当の原因はレプラコーンの魔法の力なのだ！」と。

前述のように、これはばかげた反論であり、あっさりと却下できそうなものである。だがなぜか？第一に、私たちには確かな理論的根拠があり、電気とそれがどのように作用するかに関する詳しい理論がある。その理論は数えきれないほどの検査をかさねたものであるから、自分の理論的根拠には絶大なる自信がある。しかも、レプラコーンが存在するという証拠は一つもないのだ。「でも」とトーニャは言う。「それはレプラコーンが魔法の力で見つからないようにしているからだ」と。

照明をつけたり消したりしているのはレプラコーンではないということを絶対的に証明することができるだろうか？　いや、できない。だが、ある非常に古くからの哲学的原則がある。それはしばしば、「オッカムの剃刀」と呼ばれており、同じくらいのレベルで予測できる二つの説明（この場合、電気回路という説明と、電気回路＋レプラコーンという説明）があるとき、私たちは単純なほうの説明を支持すべきである、というものだ。つまり、照明をつけたり消したりすることの説明にレプラコーンを組み込まなくても、それを適切に説明することができるのであれば、レプラコーンを省くべきだということである。

「オッカムの剃刀」は私たちに、観測することのできない様々な原因（レプラコーンなど）を想起させるような説明を却下させる。しかし、他の原因が作用しているような虚偽性の問責は、深刻な形をとることがある。たとえば、喫煙が肺がんの原因になるということを論じたいとする。テッドは反論するかもしれない。彼の観察によれば、喫煙者は非喫煙者よりアルコール摂取量が多い傾向がある。だからおそらく、肺がんを引き起こすのはアルコールか、またはたばことアルコールの組み合わせによるものだ、と。テッドの批判はレプラコーンを引き合いに出すよりはもっともらしく聞こえるかもしれないため、あっさりと退けることはできない。私たちは、たとえば様々なグループ間で肺がん罹患率を比較することによって、より多くの証拠を探す必要があるだろう。たばこを吸わない人、飲酒はしないがたばこは吸う人、たばこは吸わないが飲酒はする人、飲酒もするしたばこも吸う人、といったグループだ。そして、飲酒を考慮に入れてもなお、喫煙が肺がんリスクを高めているように見えるのは確かだということを新しい証拠が示しているとしよう。「なるほど」とテッドは言うだろう。「でも喫煙者は非喫煙者よりコーヒーをたくさん飲むからね」――これはさらに新しい検査を提起する批判だ。

私たちはどんなときに、ある関係が虚偽的ではないと絶対的かつ確実に宣言できるだろうか？　つまり私たちはいつ、すでになんらかの結果の原因を特定したのだから、それ以外のいかなる説明もできないと言えるのか。その答えには、いささか不安にさせられるかもしれない。なぜなら、そんなことは絶対にないからだ。批判者は常に、他のなんらかの要素が、自分たちが原因だと考えていることと、その原因の結果だと考えていることとの関係を説明することがあると主張できる。確かに私たちは、自分の説明と合致するような大量の証拠をまとめることができる。たとえば、喫煙は健康に悪いという結論を裏付ける研究は何千もある。そうした証拠があまりにも多いため、たばこは危険ではないということはきわめてありそうになく、それは有害であると自信をもって宣言することができる。にもかかわらず私たちは決して、この十分に解説されているはずの関係性が誤りかもしれないという可能性を完全に拭い去ることはできない。

これが、クリティカル・シンキングがなぜそれほど重要なのかの理由である。どんな説明にも異議を唱えることはできる。しかし、そうした異議そのものを評価することもできるのだ。すべての科学的知識が間違っているに違いないとか、この世界は実はレプラコーンが操っているなどと、あっさりと公言することは誰にもできない。科学者どうしの話し合いのなかでの異議は、反論されている議論と同種の評価の対象とならなければならない。つまり私たちは、説明をする人と、それらに異議を唱え、証拠でもってみずからのクレイムを裏付けようとする人という両者がいることを予想しており、そうした証拠はすべて、比較検討した上で判断されなければならないということだ。私たちは、説明と異議の両方を、同じくらい高い水準に保たなければならないのである。

社会科学のクレイムを評価する

科学的推論——および社会科学に関わる推論——の判断は、証拠の評価を中心に展開する。クレイムは、クレイムが申し立てられているものと一致する証拠を提示することによって裏付けられなければならず、それを批判する人にはそうした証拠を評価する能力がなければならない。

証拠は科学の中心となるため、科学者はみずからの証拠を報告する際に正直にならなければならないという義務を負っている。彼らは可能な限り最良の証拠を見つけ出し、どのようにその証拠を組み立て、分析することに取り組んでいるかを明確に説明し、その成果を完全かつ正確に報告することが期待されている。科学者の不誠実な振る舞いが発覚すれば、スキャンダルとみなされるし、たった一度のスキャンダルと関わりをもっただけで、それまでのすべての科学的名声が台無しになる。[*5]

そうしたスキャンダルはさておき、証拠の質と解釈をめぐっては、しばしば議論が巻き起こる。どんな研究にも必ず欠陥がある――パーフェクトはありえない――から、批判者は常に、その証拠に関する筋の通った疑問を提起する。たとえば彼らは、研究者がどのように証拠を収集したか、またその証拠を分析するためにどのような手法を選んだかということが、結果に影響を与えた可能性があると主張することもできる。一つの研究報告書では、どんなテーマであっても決定的な言葉としてみなされる可能性は低く、ドラマチックな新しい研究の「輝かしい成果」を大々的に宣伝するというニュースメディアの傾向が、悪質な情報の普及を促すことがしばしばあるのはそのためなのである。どんな研究にも、その結果に影響を与えたかもしれない制限があるため、研究者は――他のすべての人と同様――みずからの研究の何が間違っているかについて、クリティカルに考えることは難しいと気づくかもしれない。したがって、その他の研究者は、当初のクレイムを単純に受け入れるのではなく、それに刺激されて自分自身の研究を始めるかもしれない。たとえば、報告されている手順をもう一度やってみて、同じ結果になるかどうかを確認するために、最初の研究を再現したり、当初の技法がその結果を方向づけたのかどうかを確かめるために少しだけ異なる手順を用いたりといったことである。こうした作業の結果が、パターン化されたバリエーションが虚偽的かどうかを明らかにする手助けとなるのだ。

証拠についての論争は、社会科学の研究に関するほとんどのクリティカル・シンキングの主な焦点である。これが意外に思えるとしたら、そう思うべきではない。本章では、わかりやすいように見える議論を使用してきた。レプラコーンが照明をつけたり消したりという現象を引き起こしているという例を選んだのは、まさにそれがばかげた例だからだ。また、教室の前方に座ると成績が良くなるというのは、筋が通っているように見えるかもしれない一方で、その生徒がなぜその成績をとったかについては、実に数多くの理由が存在することは間違いない。たとえばどれだけたくさん、どれだけ効率良く勉強したかとか、テストのときに調子が良かったか、体調がすぐれなかったかといったことだ。喫煙が病気を引き起こすというクレイムは、いまとなってはおなじみの議論だが、これには長い歴史がある。たばこ業界は、喫煙は危険だという研究者らのクレイムに異を唱えるため、一〇年越しのキャンペーンを行った。そして、喫煙と病気との明らかなつながりは虚偽的な関係性であり、真の元凶はアルコールやコーヒー、もしくは……（大体察しがつくであろう）など、様々な理由があるという数多くの議論を仕掛けた。結局、異なる調査設計を使用した何千もの研究から成る膨大な文献が、喫煙は実際にリスクが高いということをほとんどの人に納得させる証拠体系を確立したのである。*6

このように、すべての科学的知識は証拠という基盤の上にある。その基盤が大きく、すぐれたものであればあるほど、私たちは自分が知っていることに確信がもてるのだ。集められた証拠の山を考えれば、今日、喫煙は害であるということに疑いをもつ人はほとんどいないだろう。それでも、一般に原因と考えられている関係性が、実際には虚偽的であることが常にありうる。いま、私たちが知っていると思っていることは、明日、抗しがたい新しい証拠が現れたら異議が唱えられるかもしれない。そして私たちが気にかけている疑問――たとえば何が病気を引き起こすか、何がより良い成績につながるか――のほとんどは、答えが複雑である可能性が高く、だからこそ、証拠を評価することはきわめて骨の折れるプロセスになりうるのだ。

これが、ほとんどの大学や大学院の社会科学の教育課程が、統計学と方法論を必須科目としている理由である。表面的には、これらのテーマは、より実質的な主題ほど興味深いものには見えないかもしれないが、可能な限り最も説得力のある証拠を生み出すためにどのように研究を行うかを理解しなければならない社会科学者にとって、不可欠な教訓を提供している。実際、ベストプラクティスを理解すれば、研究者になろうとしている学生だけでなくすべての学生が、研究結果に関する報告書を評価するのに必要なツールを得ることができる。自分の発見を歪めるかもしれない方法で研究を行うという落とし穴を、誰もが理解する必要があるのだ。というのも、これからの人生を通じて、私たちは研究者が発見したものに対するクレイムに遭遇するだろうし、情報に通じた人間でいるためには、こうした報告についてクリティカルに考える能力が必要だからである。

証拠の重要性

社会科学は、手に入れることのできる最善の証拠によって裏付けられた知識の探究に関わる。この証拠は決して完璧ではない。それは常にクリティカルな評価の対象となる。科学は、何が本当かに関する表明を通じてではなく、クレイムを申し立てる人と、証拠の強さを測ることを求める批判者との間の対話によって発展する。

証拠はすべての社会科学の中心となるが、様々な分野が少しだけ異なるテーマを検討し、特有の疑問を提起するため、クリティカル・シンキングに特有の課題は社会科学によって異なる。そこで、社会科学全般からいったん離れ、社会学に焦点をあててみたい。

まとめ

- 因果関係の説明は、時間的先行性、パターン化されたバリエーション、理論的根拠、非虚偽性によって判断される。ある関係性が絶対に虚偽的ではないと立証することは決してできない。
- 社会科学におけるほとんどのクリティカル・シンキングは、証拠の質を判断することに関わる。

第5章

なぜ社会科学を信用するのか

Authority and Social Science Arguments

私たちは皆、学校教育の賜物である。私たちは子どものころから、学校で習ったことは権威あるものとみなすよう教えられてきた。九九を暗記するときは、3×3＝9だと教わった。これは真実であり、疑問に付すべきではなく、疑いようのないものだ、と（念のため言っておくが、このクレイムは証拠に裏付けられている。たとえば、三枚のペニー硬貨のグループが三つあって、それを全部足せば、九枚のペニー硬貨になるのは自明の理だ）。

もちろん、すべての授業がそこまで型にはまっているとは限らず、自分が学んでいることにどれほどの権限を与えるべきかについては、それぞれの度合いがあるということも教わった。小学校三年生くらいになると、事実と意見の区別を学ぶ社会科の単元がほとんどの学校で始まり、事実は疑うまでもなく、本当の意味で真実である一方で、意見は、たとえ自分の考えが真実だと強く信じていようとも、人びとが異議を唱える可能性のある事柄に関するクレイムであるということを学んだ。このように、私たちはみな３×３＝９が事実であることに合意すべきである一方で、人は皆、誰がスーパーヒーローかについて、それぞれ異なる意見をもっているということも認めるべきなのだ。

高校に入るころになると、もっと巧妙に考える、すなわち、意見は多かれ少なかれ証拠によって裏付けられるということを理解するよう促される。つまり、他よりも説得力があるとみなすことができるクレイムがあるとしても、たとえばある特定の歴史的出来事の原因や、様々な文学作品における象徴的な意味をどのように理解するかということについては異なる解釈がありうる、ということだ。

言い換えれば、私たちは権威というものを、一方の端には確かな事実（３×３＝９）があり、もう一方の端にはまったく裏付けのない意見（「なぜ私はスーパーマンが一番のスーパーヒーローと思うのかわからない、ただそう思うだけだ」）があるような連続体として思い描くことができるということだ。このように、教育は私たちに権威を認識させ、これに従うことを奨励する。たとえそれが、すべてのクレイムは等しく権威あるものというわけではなく、それぞれ異なるクレイムの証拠を評価することができ、またそうすべきであるということを教えるものだとしても。

権威への服従は、自然科学におけるクレイムで最も際立っており、人文科学におけるクレイムではるかに弱い。つまり、物理学者や化学者が私に、ごく一般的な酸素原子には八つの電子があるということを納得させようとするとき、私（と彼ら）はこれを明白な事実として扱う。このクレイムは膨大な研究体系に裏付けられていると私は仮定している（そして彼らはそれを知っているはずだと考える）からである。この知識が３×３＝９と同じくらい確かなものかどうかはわからない（その主な理由は、それを自分自身で証明することができないからだ）が、きっとそれに近いものであるはずだ。一方で、文学の教授が私に、『ハムレット』のこの解釈こそまさに正しいものだと教えるとき、私はこれが競合する数多くの解釈の一つに過ぎず、そのそれぞれに支持者がいる（そして、私たちが話しているものとは異なる解釈に熱心に取り組む英文科の大学院生が間違いなくいる）のではないかと疑うことができる。

社会科学の権威は、一般に事実に基づいているとみなされる自然科学の権威と、意見に基づいているように見える人文科学の権威との間のどこかにある権威の連続体に位置する。第4章で述べたように、社会科学の権威は、証拠を与えてみずからのクレイムを裏付ける能力によってもたらされる。そうした証拠は批判の対象となり、結果として比較的強い、または比較的弱いものと判断される可能性がある。

社会科学のなかの社会学

言うまでもなく、社会学は社会科学の一部である。それぞれの社会科学は、人間の行動を理解するにあたり、やや異なるアプローチ法をとる――つまり異なる観点を適用する。たとえば経済学は、人は計算された選択をすることによって自分の目標を達成しようとすると主張する一方で、心理学は個々の生物（ラットだろうと人間だろうと）の行動を説明することを目指す。社会学の中心的な見識は、人は互いに影響し合うということであり、社会学の目的はそうした社会的影響の発生の仕方と、それらが明らかにするパターンを探究することである。

無論、社会科学の分野には重複する部分がある。たとえば社会心理学——社会的影響がいかに個人の行動を形成するか——は、心理学者と社会学者双方にとっての関心事である。同様に、経済モデルを採用して、計算された決定——合理的選択——がいかに社会生活を形成するかを研究する社会学者もいる。彼らは、社会的取り決めが人びとの意思決定にどのように影響するかを研究する経済学者と似ている。しかしそれぞれの社会科学は、人びとの行動の理解について、やや独特の観点を採用し、人びとの生活の異なる側面を強調する。

どの社会科学も、人文科学の総合的な理解を提供することはない。すべてに限界がある。経済学——おそらく最も名誉ある社会科学（社会学についてはもう少し待ってほしい）——は、洗練されたモデルを考案するが、これらのモデルは、人びとの実際の経済行為を予測しようとするときに明らかな欠点がある。理論上、市場はその関与者の理にかなった判断を反映するはずだが、現実的には、市場は「根拠なき熱狂」に巻き込まれ、この熱狂のなかで価格が上昇し、結果的にバブルがはじける——おなじみの景気と不景気の循環だ。[*1] **行動経済学者**は経済学者のなかでも、実社会における人びとの行動がなぜ、経済学が前提とする合理性に到達しないことがしばしばあるかについて専門的に理解しようとする。

行動経済学者は、人びとの活動を理解する際、心理的説明に目を向ける。彼らは、被験者に様々な条件下で意思決定することを求める実験を行う。その結果、多くの人が——経済学者の基準からすれば——完全に合理的とは言えない選択をしていることがわかる。たとえば彼らは、経済理論が等しく有益とみなすべきだとする一連の選択に強い嗜好を示したり、なんらかの条件下で、利益が比較的少ない結果のほうを好んだりすることさえある。したがって、行動経済学者はこれらのパターンを、**アンカリング**（最初の情報に過度に影響されること）または**情報回避**（入手できる情報を進んで獲得しないことを選ぶこと）といった、心理的プロセスの結果として説明する。経済モデルは通常、人は合理的選択をするために必要な情報をもっていると仮定するため、アンカリングと情報回避はいずれも、実社会の個人——および市場——がなぜ、予測したとおりに行動しないことがあるかの理由に注意を向ける。経済学者はこうしたプロセスを講じることで、なぜ市場が根拠なき熱狂やその他、経済モデルの予測と相反するパターンを示すかを説明することができる。

この種の推論にはそれなりの課題が伴う。行動経済学者は、ときに矛盾する傾向を説明する数多くの心理的プロセスを特定してきた。たとえば、ある状況において、個人が行動を起こすことを躊躇しているような場合、経済学者は**現状維持バイアス**というラベルを適用することがある一方で、行動したがっているように見える人びとは**アクションバイアス**をもっていると指定される。こうしたパターンを示すものが十分にあれば、人びとの行動のほとんどを——事後に——説明することが可能となる。もちろん、ある行動に名称を与えることと、与えられた状況においてどのパターンが現れるかを予測できることとはまったく異なる。つまり経済学者は、いつ、どのように、人は経済モデルが予測したとおりの行動をし損なうかを言い当てることは決してできないだろうということだ。もう一つの課題は、大規模な組織の行動——たとえば突如バブル崩壊した株式市場など——を、個人の心理的プロセスを引き合いに出すことによって説明しようとすることは、それを取り巻く社会生活の文脈を無視している、ということである。

それぞれ特有の心理状態を有する個人が一方にあり、株式市場をはじめとする巨大な抽象的組織が他方にある場合、その間にある領域は社会学の縄張りである。市場は無関係の個人から成り立っているのではなく、複雑に交錯した社会関係に身を寄せる人びとによって成り立っている。人は家族や友人、共に働く人、崇拝する人、一緒に遊ぶ人とつながりをもっている。社会学者はこれらを**社会的世界**、すなわち活動と、多くの場合それぞれの生活に関する視点を共有する人びとのネットワークとして語る。社会学的解釈が焦点をあてるのは、個人の頭のなかで起こっている認知的プロセス――アンカリング、アクションバイアスなど――というよりも、個人が互いの行動に与える影響のほうなのである。社会学者にとって、クリティカル・シンキングは通常、こうした社会的影響を詳細に分析することに関わっている。

社会学の事例

経済学者や心理学者と同様、社会学者はみずからの分野のクレイムが権威あるものであるかのようにふるまう傾向がある。これはもちろん、虚勢を張っているのである。すでに言及したように、ほとんどの人は、社会科学の権威は、自然科学のそれと人文科学のそれとの間のどこかにあると考えている。しかし社会科学の内部においてさえ、多くの人が社会学者の権威に疑問を抱いているのだ。

社会学の世間的な評判は様々だ。ほとんどの場合、それを批判する人びとは、社会学は基本的に単なる常識レベルのものであり、誰もがすでに知っていることに、ほぼ何も付け加えていないと言って非難する。さらに彼らは、社会学者は難解な、ほとんど理解不能な専門用語で自分を覆い隠すことにより、みずからの観察がわかりきったものであることに気づかれないように偽装している、と批判する。そして、社会学は政治的にリベラルへの偏向があり、そのアプローチは科学的というよりもイデオロギー的だというさらなる不満もある。*2 これらは何十年もの間続いでいるありふれた批判だ。

にもかかわらず、社会学は学界においてかなり確立された地位にある。これは社会学が、たとえばカリスマ性、モラルパニック、ロールモデル、重要な他者、ステータスシンボル、サブカルチャーといった概念を含む現代的な考え方を形成してきた、多くの有益なアイデアの源泉であり続けているという事実を反映している。*3 社会学的発想が取り上げられるのは、多くの人が、それが世界について考える有益な方法であるということに気づくからだ。同様に、社会学者はサーベイリサーチ〔回答者からデータを集め、様々なトピックに関する情報を得る調査方法〕など、社会生活を学ぶための手法を開拓することにも貢献してきた。社会学者の専門用語が大衆文化に忍び込むだけでなく、その理論的アプローチと方法論が、犯罪学や人口統計学、法律、経営、マーケティング、医薬、政治学、社会事業といった他の分野における考え方を形成してきた。実際、これらの分野のなかには社会学部から始まり、その後分岐して、それ自体の学術部門を形成したものもある。

社会学は、重要性に欠けるとか無関係であるとして、しばしば相手にされないことがありながらも、影響力をもち続けてきた。手厳しい攻撃に遭っても、この分野は回復するだけの力を維持してきたのだ。たとえば一九九〇年代、セントルイスにあるワシントン大学は、社会学部を閉鎖する決定を下し、この学問分野は重大なトラブルに陥っていると発表した。しかし、二〇一五年に同大学が社会学部を再建したことからもわかるように、社会学の差し迫った死という報道はひどく誇張されたものであることが判明した。

社会学とクリティカル・シンキング

とはいえ、社会学者の権威は、たとえば経済学者のそれと比べると不安定に見える。そしてこの状況は本書の残りの部分の議論を裏付ける。クリティカル・シンキングが特に社会学者にとって重要なのは、とりわけこの分野への反論があまりに多いからだと私は主張したい。社会学者が言うべきことは常に批判を招き、しかもその批判は部外者によるものだけではない。これから見ていくように、社会学者同士にも数多くの様々な争いがあるのだ。

物理学者や哲学者、その他の学者と同様、社会学者は自分の発言の権限に対してクレイムを申し立てる。社会学者は結局のところ、社会学の理論と方法論において特別な訓練を受けてきたため、研究を行ったり解釈したりする権限があってしかるべきなのだ。物理学者や哲学者、その他の学者も、みずからの権限に対して同様のクレイムを申し立てる。

しかし、そうした資格があるということは、社会学者のクレイムがクリティカルな評価の対象にはならない、またはそうなるべきではないということを意味するのではない。経済学者や心理学者のクレイムについてクリティカルに考えることが可能なように、私たちは社会学者が言うべきことを評価することができる。すでに立証したように、クリティカル・シンキングは、クレイムを申し立てる人の資格にかかわらず、あらゆるすべてのクレイムに対する適切な反応なのである。そして同様に、自分自身の考えについてクリティカルに考えることこそが最も重要な——そして最も難しい——ことなのである。

とはいえ、私たちはどのように社会学に関するクリティカル・シンキングに取り組むべきなのだろうか？　本書ではまず、社会学的観点を学問分野としての社会学に適用し、社会学そのものを社会的世界として見て、その社会がどのように組織され、その構成員がどのように自分の行動について考えるかを理解する試みから始めたい。*4 次章からは、社会学者の社会的世界がどのように彼らの行動を形成するかについて検討し、社会学者が言うべきことについて批判者が提起する可能性のある疑問を探究していく。

本書では引き続き、社会学に焦点をあてていくが、社会学だけに当てはまるわけではない。私たちが探究するポイントのほとんどは、人類学や経済学、政治学といった他の社会科学とも関連がある。これらの学問分野のそれぞれが、それ自体の社会的世界をもち、その社会的世界によって形成されており、社会学者が挑む問題の多くは他の社会科学にも共通する。

社会学者は様々な研究課題に関心がある。彼らは異なる技法を採用してこれらの課題に答えようとするが、常に意見が一致するとは限らない。皆さんに理解していただきたいのは、私は社会学者である一方で自分自身の考えを述べているということ、そして他の社会学者は、様々なポイントについて私が言うべきことと異なる意見をもっているかもしれないことを私自身認識しているということだ。私が社会学についてクリティカルに考えようとするときにしていることについて、そしてなぜ私は、自分が提起する疑問が価値あるものと思うのかについて、詳しく説明するよう努めるつもりだ。私は、自分には特別な権威があると主張することはできない——本書を執筆するにあたり、自分が言っていることについてクリティカルに考えようとした一方で、他者が私のクレイムの一部を退ける可能性があること、そして彼らは疑いなく、自分自身の主張をしたいと思っているということを私は認識している。とはいえ、とりあえずどこかから始めなければならない。というわけで、社会学の社会的世界を検討することから始めてみよう。

まとめ

・権威があるとされているクレイムはクリティカルに評価されるべきである。

第6章

Sociology as a Social World

社会学とはどういう学問か

社会学の博士号を取得した人のなかには、政府機関や世論調査会社で働く道へ進む者もいるが、ほとんどの社会学者は大学で教鞭を執る。これは、教職員が各学期に五科目以上を教える二年制のコミュニティカレッジから、通常、各学期に二つの講義を受けもつ研究大学の博士課程に至るまで多岐にわたる。一般に、授業負担の多い大学は教職員にそれほど多くの研究活動を求めない。教授は積極的な研究者であるべきだという期待は、授業負担が減少するとともに高まる。

通常、研究の先には発表があると理解されている。「パブリッシュ・オア・ペリッシュ」（出版か自滅か〈論文を書かない学者はクビになるという意味〉）という表現は、数十年にわたって言われ続けてきた。これは新参の教授に対する警句で、論文を発表せずして教授としての在職期間と昇進を手に入れるのは不可能に近いという意味だ。それには通常、論文を専門誌に掲載する必要がある。専門誌への発表は、その著者が自身の学問分野に貢献していることの証拠として扱われる。そして社会学は、こうした発表の場を数多く提供している。

社会学のなかの陣営《キャンプ》

これまでのところ、社会学を、人が互いに影響を与え合う方法について研究者が共通の関心をもつ、ひとつの学問分野として取り扱ってきた。社会学者はこの基本的アプローチを共有しているが、その一方で彼らは、特定のテーマについて考える最良の方法に関しては異なる意見をもっていることがある。

たとえば、レストランで起こることについて研究しようとする数名の社会学者がいるとする。最初の社会学者（アナとしよう）は、レストランを職場として捉え、従業員の作業分担に目をつけ、調理場にいるコックと接客を担当するウェイターやウェイトレスが、どのように自分たちの仕事を管理しているかに着目する。一方で、ビルは食物の社会学者で、食べ物が生産され、消費される工程のみならず、こうしたプロセスに関わる様々な人びとにとって食べ物がどういう意味をもつかに関心を抱いている。キャロルは、レストランのスタッフと客との間の相互関係を形成する上で性差が果たす役割を検証する一方で、ドウェインは人種と民族の影響に専念し、エレンは性差と人種がどのように交わるかを考えることが最も有益だと主張する。逸脱の社会学者であるフランクは、規範がどのように侵害されるかに着目している――このように想像は無限に膨らむ。社会学的に考えるには多くの方法があり、それはそれで良いことなのだ。社会学者が異なれば、レストランなど、誰が見てもありふれた設定でさえ異なる視点から捉えることができ、それぞれが他とは少しだけ異なる点に気づくことができる。

こうした社会学者は皆、人は互いに影響を及ぼし合っているという基礎的前提を共有しているが、それぞれが関心を抱いている影響は異なる。ほとんどの社会学者は二つか三つのテーマを専門としている。たとえば仕事、ジェンダー、食物、宗教、教育、人種と民族、スポーツ、そして逸脱などを専門とする社会学者がいる。人間に関わるものであればどんなものでも、それを研究する社会学者が存在するだろう。学問分野としての社会学の構成を知る明白なやり方は、こうした様々な実質的専門性の観点から行うことである。結局、いったん入門クラスを終えれば、事実上すべての社会学のコースは特化されたテーマに焦点をあて、多くの場合、その教科を専門に研究している講師が教える。

ところが、この学問分野を細かく分けるには別の方法がある。一般に、多くの社会学者は自分を、ある特定の理論の学派またはアプローチ（シンボリック相互作用論や紛争理論、合理的選択理論など）に同調しているとみなしている。そしてほとんどの社会学者が、研究を行う際に特定の手法を好む。これが定量的社会学者（統計学を利用して数字データを分析する）と定性的社会学者（観察や聞き取り調査を通じてデータを収集する傾向がある）との最も基本的な区別だ。こうした一般的なアプローチのそれぞれが、サーベイリサーチなど、より特定された方法論に細分化される。

そこで社会学者に、「あなたはどんな種類の社会学者ですか?」と尋ねるとしよう。彼らの回答は特定の実質的なテーマへの関心だけでなく、ある特別な理論的、方法論的アプローチへの嗜好を示したものにもなるかもしれない。

私たちは社会学を、こうした実質的な関心、理論的志向性、そして方法論的嗜好に基づいた様々な考えをもつ学派——これらを陣営《キャンプ》と呼ぼう——から構成されるものとして考えることができる。社会学が発展するにつれ、人はこの分野で起こっているすべてのことを追跡することが不可能になった。ほとんどの人ができるのはせいぜい、自分が最も関心のあるいくつかの陣営で起こっていることに、多かれ少なかれ遅れをとらないようにすることだけだ。

陣営は、社会学の構造の多くの部分を形成する。社会学者は専門会議でのプレゼンテーションや、学術的な雑誌や書籍などでの発表を通じて自分たちの研究を報告する。社会学が学問分野として登場したとき、アメリカ社会学会（一九〇五年に創立し、後にSocietyからAssociationに名称を変更し、現在は頭文字をとってＡＳＡと呼ばれている）や、南部社会学会（一九三五年創立）のような地域団体は、一つの部屋に集まって、発表されるすべての論文を会議の参加者が公聴できるようにしていたと思われるが、この分野が拡大するにつれ、複数のセッションが別々の部屋で同時に行われるようになった。最近では、最も大規模な専門家学会（ＡＳＡ）が、同時並行して行われる多数のセッションを運営し、そのうちのいくつかがラウンドテーブルセッションとして指定され、これがさらに多数のテーブルに細分化されて、特定のテーマやテーマに沿って組織された各テーブルに座ってプレゼンテーションを聞くことができるようになった。したがって参加者は、自分が最も関心のあるプレゼンテーションを選択しなければならない。このことは、同じ陣営に属する人びとを一つにまとめるだけでなく、この学問分野を全体として分割するという効果もあった。同様に、大規模な学会にはいまや、それぞれ異なる陣営を中心に組織された専門的な部門がある。たとえばＡＳＡには、特定の実質的テーマ（環境社会学や文化社会学）、理論（マルクス主義社会学、合理性と社会）、または方法論（比較歴史社会学、方法論研究）に関心のある人向けに、一五を超える公式の部門がある。

論文掲載は、こうした発展と並行して形成されてきた。一九六八年のある論文は、あらゆるすべてのアメリカの社会学会誌をリストすることを試みた。当時、論文を掲載する専門誌は一六誌あり、その半分以上の九誌が一般的なもので、少なくとも理論的にはすべての社会学的テーマに関する寄稿を進んで掲載していた。[*1] いまや一〇〇をゆうに超える社会学専門誌があり、約一〇誌を除くすべてが専門的なテーマに焦点をあてている。たとえば『ソシオロジー・オブ・スポーツ・ジャーナル』、『ジェンダー・アンド・ソサイエティ』、『シティ＆コミュニティ』などの雑誌だ。同様に、ほとんどの学術書の出版社は、特定の主題に関する本や、特有のアプローチを採用した書籍を専門に扱う傾向がある。

要するに、ほとんどの社会学陣営は、独自の学会（または少なくともより大きな組織内の下位部門）と専門誌、そして場合によっては、メンバーが自分の研究を発表したり出版したりすることのできる独自の出版社まで備えている。こうした場所には情報管理者――会議のオーガナイザー、専門誌の編集者、出版社――がいて、提出された研究論文をふるいにかけたり、どの研究が流布するにふさわしいかを選択したりしている。各陣営のメンバーは、自分に関心のある場所で起こっていることに倣うようになる。

これらすべてのことが意味するのは、大学の社会学部の隣り合う研究室にいる二人の仲間は、それぞれ異なる陣営に属している可能性がきわめて高いということだ。この二人はおそらく、異なるテーマの科目を教えていて、異なる本や専門誌を読んでいるだろう。実際、彼らは全国の、いや全世界のキャンパスで研究している同じ陣営のメンバーとの共通点のほうが多いはずだ。

ある意味で、異なる陣営はライバルとしての機能を果たしている。それぞれの陣営のメンバーはアイデアを共有し、このテーマ、理論、手法が特に興味深い、または有益だということに合意している。彼らは同じ学会に出席し、同じ専門誌を読み、そこに論文を発表する傾向がある。また、互いに自分のアプローチに確固たる価値をおき、他の陣営で起こっていることはつまらない、または間違っているとさえみなしていることもある。特に、特定の理論的志向性や方法論的アプローチを中心に展開する陣営は、ライバルの学派に苛立ちを感じる傾向がある。*2 その結果、ほとんどの場合、自分と同じ仮説を立てている人と話をしたがり、他の陣営の人とは議論をすることはもちろん、彼らに従うことに時間をかけようともしなくなる。陣営はしばしば特定の専門用語を好むため、互いに理解に苦しみ、――そして話が嚙み合わなかったりすることがある。自分の考えに異議を唱える人と対決するよりも、同じ観点をもつ人に時間を割いたり、注意を向けたりするほうが、はるかに簡単で快適なのだ。

もちろん、陣営の情報管理者は通常、その陣営と一心同体である。つまり、自分の陣営のメンバーが読む専門誌に原稿を提出する際は、その専門誌の編集者も、原稿を評価する査読者も、どちらもたいていは同じ陣営のメンバーだということである。査読者は専門誌への投稿を評価する。彼らの反応は、論文がそのままでパーフェクトだと宣言する（このようなことはめったにない）ことから、改善のための助言をしたり、あまりにお粗末だから編集者は掲載を見送るべきだと主張したりすることまで様々だ。理論上、著者の素性は査読者には明かされず、査読者の素性が著者に明かされることもない

（ただし誰が誰であるか予測がつく場合もある）。

査読は出版プロセスにとって重要な保護手段とみなされ、論文が発表される前に誤りを見つけ、訂正することを目的に行われる。同時に、知的陣営のメンバーによって、またそのメンバーのために研究論文を発表することを目的とした専門誌は通常、その陣営のメンバーから査読者を指名する。結局のところ、陣営の外部の査読者（その研究を理解するのが困難だったり、それに対して批判的だったりする可能性が高い）に原稿を送るのは不公平なことのように思えるからだ。しかしこれによってある問題が生じる。すなわち、著者の仮説を共有する可能性の高い査読者は、論文の内容――その前提、その手法、その結論――についてクリティカルに考えることがより難しくなる可能性が高いということだ。陣営内にいれば、提出されたものは同情的な査読者や編集者が評価することが確証されるため、意見の対立を最小限に抑えられる。こうした論文がひとたび受理されれば、それは、同じ陣営に属する読者を抱える専門誌に掲載されることになる。

陣営は保護された隔離スペースを提供する。ここでは、実質的な関心と理論的・方法論的嗜好を共有する社会学者が互いにコミュニケーションをとりながら、彼らの仮説を共有しない他者から自分の考えを守るというリスクを最小限に留めることができる。しかし、最も困難な、そして最も重要なクリティカル・シンキングの形が自分自身の考えを批判することに関わるものであるとしたら、最も同意してくれそうな人に自分の研究を見せることは、批判的なフィードバックを得る最良の方法とは言えない。

社会学が抱く羨望

社会学者は学界の序列の控えめな位置を占めている。大学内では、物理学者や化学者のような「本物の科学者」と同じくらい厳格だと見られることもなければ、「真実と美」を追求する人文科学の哲学者のように知的に洗練されているとみなされることもない。第5章で述べたように、理解不能な専門用語でもって常識的な発見を偽装させているという点で、社会学者は非難を浴びているのだ。社会学者はこうした批判に敏感になり、それらについて弁護する可能性がある。彼らは、自分たちより良く思われているように見える他の学者をうらやましく思ったり、批判する人を黙らせる方法を探し求めたりするかもしれない。この羨望はほとんどの場合、以下の三つの形態の一つをとる。

・物理学への羨望

社会学者のなかには、自分たちの学問は科学的であり、その研究のロジックは、仮説を引き出し、それを正確な手法を用いて検査する物理学者や化学者のそれと似ているということを強調したがる人もいる。自然科学者は幅広く称賛されている。彼らはノーベル賞を受賞しているからだ。一方で、社会学には少しばかり疑わしい目が向けられがちである。社会学は実のところ、単なる常識に過ぎないのではないかと思われているからである。いずれにせよ、社会学のノーベル賞というものは存在しない。

こうした軽視に対する反応の一つは、社会学者が意図的に方法論に焦点を合わせ、複雑な仮説検定を考案し、統計学の洗練された技法を使って結果を分析することだ。一流の社会学専門誌は、こうした種類の研究にスポットをあてている。これを書いている時点で、『アメリカン・ソシオロジカル・レビュー』の最新号には、「ネットワークと行動の共進歩に関する確率論的アクター志向モデル」といったものや、ロジスティック回帰、残差バランシング、階層的成長曲線モデルなどの結果を示す表が含まれていたりする。ごく一部の人しか、そうした表を読み解いたり、完全に理解したりすることはできない。これは、社会学がまさに、物理学と同じくらい洗練されているものとして見ることができることの証明にはならないだろうか？

ここに危険が潜んでいる。洗練された統計学の利用を正当化することは、複雑な情報を詳細に解析することを分析者に許す。しかしこれらの技法には通常、数多くの高品質なデータが必要となる。ほとんどの状況において、統計的仮説検定を有意なものにするために、これらのデータは代表的なものである必要がある――つまり、こうした検定は特定の種類の事例を除外することはない。問題は、収集されたソーシャルデータがほぼ確実に、ある意味で偏りのあるものになるという点だ。たとえば、国勢調査のデータが優良な情報源のように見えるのは、この調査が名目上、すべての人をカウントするからである。しかし実際は、人口の約一～二％が国勢調査から漏れていて、そうした人びとはカウントされている人とは異なる傾向がある――貧困層の非白人である可能性が高い――ということを私たちは知っている。ほぼすべての目的で人口の九八～九九％をカウントする国勢調査は、かなりすぐれたデータを提供しているはずだと主張することもできるかもしれない。しかしそれらは、本当の意味では代表的なものではないため、そのようなデータは十分に良いものとは言えないのだ。通常、物理学への羨望に苦しむ社会学者は、この問題をうまく取り繕う。彼らは、自分たちのデータは完璧ではないかもしれないということを容易に認めながらも、完璧なデータは確かにたくさん存在すると結論づける。したがって私たちは、そのデータがそこそこ良いと仮定するだけで、きわめて有力な統計学を利用することができるのだ。

データがたくさんあるということにまつわるもう一つの問題は、それが簡単に「統計的に有意な」結果になるということだ。学術誌が統計的に有意な研究結果を報告していない論文を掲載することはめったにないため、研究者は統計的有意性の達成を研究目標とする傾向が強い。しかし、「統計的に有意」という表現は、それがあたかも重要であるに違いないというように聞こえるが、この言葉が意味していることは、実はそうではないのだ。統計的有意性は基本的に、研究者が行ったあるサンプルの観測が、母集団のなかに実際に存在するパターンによるものではなく、単なる偶然によるものである可能性を測定する。それは、研究結果が重要かどうかとは何の関係もないのだ。研究者が十分なデータをもっていれば、どれほど小さな——毎日の生活のなかでは顕在しないかもしれないような——相違でも、統計的有意性を達成することができる。たとえば、何か重篤ではあるが希少な病気にかかるリスクが一万分の一であると仮定しよう。そしてさらに、喫煙がそのリスクを倍増させると仮定すると、いまあなたが病気になる確率は一万分の二になる。これは統計的に有意な発見かもしれないが、その結果があまりにも小さいために、もしかしたらあなたはそれに気づかないかもしれない。研究内容を読み取るときに常に重要になるのは、報告されている結果が人びとの実社会、すなわち日常生活において、気づかれるほど十分大きなものであるかどうかを問うことなのだ。「物理学への羨望」という用語は、もちろん誇張である。私はなにも、定量的社会学者が自然科学者と同等の敬意を受けられないからといって、文字通り激怒していると言いたいのではない。だが高度な統計学は、統計データを理解する社会学者に、それらを応用する方法を模索させる。哲学者は「道具の法則」について語る。すなわち、「少年にハンマーを与えれば、彼は何か叩くものを探すだろう」ということだ。統計学は様々なハンマーが入った道具箱全体を与える。だから、ハンマーを振り回したいという誘惑が社会学者の思考を歪めてしまう恐れがあるのだ。

・哲学への羨望

物理学への羨望によって、みずからの手法を過大評価したくなる社会学者がいる一方で、理論を支持し、方法論——特に念入りな研究計画や高度な統計学——を過小評価する社会学者もいる。こうした社会学者は理論的抽象化に魅力を感じ、「大きなことを考える」ことに引かれる。彼らは哲学への羨望と呼ぶことのできるものに苛まれているのだ。

専門用語や悪文など、社会学の評判の多くは、こうした人びとが原因である。彼らは一流の哲学者から、**存在論**、**認識論**、**解釈学**などの専門用語を借用することを好む。また、抽象概念に魅了され、自分が見るものを重大な問題（どうしたら知ることができるか？）として掲げる。実際に社会的世界に注意を向けるとき、彼らは自分たちが発展させようとしている独自の見識を示すために、用語を定義したり、新しい言葉をつくり出したりすることに大きな信頼を寄せる。彼らが書いたものが理解しにくいとしたら、それは、彼らが何か非常に印象的なことをしようとしているに違いないということだ。そしてもし、彼らが書くものにはついていけないと不満を述べる人がいたとしたら、それは単に、そう批判する人は洗練された推論を理解していないということを示すだけなのである。

こうした哲学への羨望に悩まされる人は、他者を批判する際、すばらしいクリティカル・シンカーになる可能性がある。[*3] 彼らは、他人の研究の基盤を形成している根拠のない仮説に痛烈な批判を浴びせる。予想がつくと思うが、彼らは方法論に執着する定量的社会学者には厳しいが、彼らが最も手厳しい批判を向けるのは、競合する理論的観点を採用している人に対してなのだ。みずからの抽象概念の要塞に隠れたままでいる限り、彼らは批判を回避することはできるが、実際に社会的行動を研究しに外へ出ようとするときに問題が生じる傾向がある。このときになって初めて、彼らは自分が名誉を傷つけられていると知り、自分がまさにその理由で他人を攻撃したのと同じ種類の仮説を立てるのだ。

物理学への羨望と哲学への羨望は正反対のように見えるかもしれないが、どちらも同じ問題に行き着く。これらを支持する人は、まさに社会学の本質である社会的パターンの道筋を失うことは簡単なことだと気づく。どちらの形態の羨望も社会学者を、自分が何をしているかということにあまりに夢中にさせるため、彼らはときおりなぜそうしているのかを忘れることがある。最終的に彼らは、何か非常に複雑なことができることを証明するかもしれないが、その結果に興味を示す人はごくわずかだ。

・社会運動への羨望

第三の誘惑、つまり社会運動に魅了される社会学者もいる。多くの学識者は、実社会から隔離された象牙の塔の住民だという批判に敏感である。これは特に、社会問題に関わり、その取り組みを支援したいという思いで社会学の道に進んだ者にとって問題である。自分のことを、誇りをもって**学者―活動家**と呼ぶ社会学者のなかには、自分たちの学問の目的は社会的正義を促進することだと宣言する者もいる。こうした社会学者もまた、羨望の一形態に悩まされている――すなわち、街頭活動家への羨望だ。大多数の社会学者がみずからを政治的にリベラルか、進歩的か、急進的か、そのいずれかだと考えているため、彼らがうらやむ活動家はほとんど常に左寄りである。[*4]

言うまでもなく、社会学者が宗教的信念や音楽の好みと同じレベルで政治的な意見をもつことに、何一つ悪いところはない。[*5] しかし問題が生じる可能性があるのは、彼らの意見がその人自身の研究結果を形成している場合だ。研究者はあらゆる種類の選択をする。たとえば何を研究するか、どのように研究を進めるか、その結果をどのように解釈するか、といったことだ。これらの選択は必然的に、その研究結果に影響を及ぼす。これが、社会学者が自身の選択の詳細を述べる――その選択が研究結果にどのような影響を与える可能性があるかを読者が評価できるように、その手法を詳しく説明する――際に、気をつけなければならない理由だ。彼らは、その政治的見解が、自分が報告した結果を歪めることにならないこと、また、たまたま自分とは異なる見解をもつ社会学者らの研究結果を見落としたり、否定したり、拒否したりといったことにならないようにする必要がある。

結局のところ、社会科学の批評は証拠の評価に重点を置くべきなのだ。証拠を集めた人物に反対しているからといって、その証拠を無視することは適切ではない。これは個人を攻撃する推論の形態をとることになる。その証拠を生み出した選択そのものを批判することは可能かもしれないが――そうした選択は実際、その人物の政治的信念によって形成されてきた可能性がある――、批判の焦点となるべきは、根底にある信念そのものではなく、研究結果に対するそうした選択の影響のほうなのだ。

これら三種の羨望――物理学への羨望、哲学への羨望、社会運動への羨望――はすべて、社会学者を誤った方向へ導き、あまり有益ではない証拠を生み出すことになりかねない。それぞれのケースにおいて、社会生活の実際の働きを理解しようとすることよりも、方法論的厳密さ、理論的明晰さ、イデオロギー的正しさといった抽象概念を優先したくなる誘惑に駆られる。他者に印象づけようとする努力は、社会学的洞察を犠牲にした上で成り立つ。

社会学はまとまりがない

本章では、社会学は学界においてなんらかの影響力をもつ一方で、その地位が希薄であることを論じてきた。社会学者はこれについて自己防衛的である。一部ではこの理由から、また一部ではこの分野の成長に応える形で、彼らは陣営――社会学への特定のアプローチを共有する人びとの集団――を組織してきた。この細分化は、社会学が核となる中心――この分野のすべてのメンバーが共有している基本的枠組み――に欠けることを批判者が懸念する理由を説明するのに役立つ。[*6] この成り行きについては、次章以降で探究する。

まとめ

・一学問分野としての社会学は、特定の実質的テーマ、方法論、または理論に重点を置く知的陣営で組織されている。

・社会学者は、人びとがいかに互いに影響し合うかを理解するという社会学の目標を見失い、その代わりに、方法論的厳密さ、理論的洗練、社会運動に焦点をあてる恐れがある。

第7章

Orientations

社会学における立場の違い

社会学者は、人びとが異なる方法で世界を見ていることを認識している。この違いは、社会におけるその人の地位をある程度反映している。私たちは、異なる年齢、性別、教育、民族性、職業、宗教、社会階級の人びとが異なる経験をし、多少なりとも異なる文化のなかで社会的役割を担い、それぞれ異なる関心を抱いているということを認識しており、そのすべてが彼ら自身の生活と、より幅広い社会に関する彼らの見方を形成していると言えるだろう。社会学者が実際に行っていることの多くは、それぞれ異なる社会的地位を占める人びとの態度や行動を比較することに関わっている。

社会学者であるということはそれ自体、自分自身の視点をもつ社会的地位である。社会学者は人びとが影響し合う形に合った社会学的観点を身につける。これまで見てきたように、多くの社会学者は特定の理論的、方法論的、実質的問題を強調する陣営に属している。他の人びとと同様、社会学者もまた、様々なアイデンティティによって――社会学者として（これにより彼らは、経済学者や心理学者、歴史家などとは異なる方法で世界にアプローチする）、またある特定の陣営のメンバーとして――、そして間違いなく、特定の階級、性別、民族性などに属していることによって、その考え方が方向づけられている。

さらに、社会学者はそれぞれ異なる**志向性**をもっており、これによって彼らが世界を理解する方法が形成されていることもある。私たちは志向性を、社会学者の議論を支え、彼らがクリティカル・シンキングにどのようにアプローチするかに影響を及ぼす、それぞれ異なる気質と考えることができる。本章では、社会学者の志向性に変化をもたらすいくつかの側面について考える。

楽観主義と悲観主義

私たちは、楽観主義と悲観主義を心理的特性と考えがちだが、これらは、世界に関する社会学者の解釈を方向づける志向性でもある。

・楽観主義

楽観主義者は一般に、ものごとは良い方向へ進むという明るい期待を抱いている。社会学の範疇では、楽観主義は進歩という考えと結びついている。進化論の出現に影響された初期の社会学者のなかには、人間の歴史はある種の社会的進化として見ることができると述べる人もいる。そうした進化のなかで、より初期の、より単純な、狩猟家や採集家といった人びとの社会形態が、当時の産業社会のような、より複雑な形態へと進化していったのだ。社会学は産業革命に対応して生まれたため、最も影響力のある初期の社会理論家の多くは、社会の変化を、たとえばエミール・デュルケームの機械的連帯と有機的連帯、フェルディナント・テンニースの**ゲマインシャフト**と**ゲゼルシャフト**などに代表される社会類型の出現という観点から見ていた。必然的に共産主義的ユートピアへ向かうものとして歴史を捉えたカール・マルクスの見解は、進化的進歩を言い換えた表現である。このように、初期の社会学は比較的楽観的に見えた。

進歩に関するクレイムは物質的な幸福度を伴う傾向がある。人類史上、かなりの期間において、出生時の平均寿命はおよそ三十年だった。その主な理由は、子どもの約半数が六歳の誕生日を迎える前に死亡していたからだ。いまではもちろん、平均寿命はそれより何十年も延びている。楽観主義者が主張するように、これが進歩を示していることは確かである。同様に、識字能力や栄養摂取も改善している。現代の理論家は、これは科学的知識の劇的な成長と普及を反映していると主張する。*1 端的に言えば、楽観主義者は改善の可能性を認識しているということだ。彼らは、ものごとが悪化する可能性があることを認めつつも、人間は世界がどのように作用するかを理解し、その知識を利用してものごとを改善することができると信じている。

批判者は、楽観主義のいくつかの問題を志向性として特定する。彼らに言わせれば、ものごとが間違いなく改善するという保証はどこにもなく、進歩の恩恵をすべての人が平等に受けることができるという保証もない。また、明らかな前進が一時的なものであると証明されたり、定着した成果のように見えるものでさえ、社会の崩壊を受けて消滅したりする可能性もある。*[2] ここ数世紀の進歩のすべての証拠をもってしても、現代の社会学者は気質的に、悲観主義に傾いているように見える。

・悲観主義

悲観主義者は、ものごとが次第に悪化する――またはその状態が持続する可能性がある――ことを懸念している。この印象はしばしば、衰退を重視する歴史の見方と結びついている。*[3] こんな批評をよく耳にする。古き良き時代、子どもたちは親を尊敬し、先生の言うことをよく聞き、大人たちは法律に従い、篤い信仰心を抱き、誰もが自分の立場をわきまえ、仕事にプライドをもち、社会は滞りなく機能していた。しかし、ものごとは悪い方向へ道を踏み外し、私たちはこれからどれほど悪い方向へ進んでいくのかを想像するばかりだ、と。

衰退の物語の語り手は、多くの場合、変化に対して懐疑的な政治的保守派である。社会学者がこの視点を取り入れようとしないのは、そのせいなのではないか。しかしリベラル派（先に述べたように、これにはほとんどの社会学者が含まれる）の間にも、広く行きわたる悲観主義の一形態があり、彼らは変化が必要とされているにもかかわらず、動かずじっとしているように見える障害物に注意を向ける。彼らからすれば、人種差別、性差別、階級システムといったものが、すべての進歩を遮断または帳消しにする恐れがあるのだ。

選択的な証拠は悲観主義に裏付けを与える。「現代の学校は廃れつつある」と悲観主義者のピートは声高に叫ぶ。「でも」とあなたは答える。「昔より多くの人が学校に長くいられるようになった」と。

「そうかもしれない」とピートは言う。「でも、彼らは僕が学生だったころのようには学んでいない。なぜかって、昨日、店で、レジ係がおつりを渡すのに苦労していたんだ」と。このエピソードは私たちに、昔は誰もが釣り銭を正しく計算できていたと信じさせる。

きわめて大きな改善でさえ退けられることがある。いまの時代は、歴史上最も平均寿命が長い、とピートに伝えると、彼はこう不平をもらすだろう。「でも昔のほうが幸せだった」と。ピートは、時間とともに変わる気分の変化量が測定できる幸福度計測器をもち合わせているわけではない。ただ、ものごとが悪くなり始める前、人はもっと幸せだったと確信しているだけだ。

悲観主義はノスタルジアの形態をとることが多い。ノスタルジアのなかで、人はバラ色の過去を思い起こす。社会学者のノスタルジアはしばしば、コミュニティの喪失を中心に展開する。彼らの主張によれば、古き良き時代、人は固い絆で結ばれた街や地域に住み、互いに顔見知りで、誰もが帰属感を抱いていた。

一方で、現代社会はもっと匿名的で、もっと——社会学のお気に入りの言葉を使えば——アノミーな状態〔フランスの社会学者エミール・デュルケームの用語で、社会が乱れて無統制になった状態〕だ。社会学の空前のベストセラーのいくつかには、このテーマをうまく利用したタイトルがつけられている。たとえば、『孤独な群衆』、『孤独の追求——崩壊期のアメリカ文化』、『孤独なボウリング——米国コミュニティの崩壊と再生』などだ〔これらの書籍の原著情報については巻末の参考文献に追加した〕。こうして見ると、孤独とコミュニティの喪失は現代生活の問題点と言える。

このビジョンにはいくつかの問題がある。第一に、これはそうした前近代的なコミュニティ——新生児の半数が六歳になる前に死亡し、女性が服従的であることが期待されるような場所だったことを思い出してほしい――における生活条件を無視している。確かに世界は変わったが、悲観主義者が何を言おうと、こうした変化の、ほぼすべてではなくともその多くが、良い方向へ向かってきたことは明らかである。

悲観主義は楽観主義と同様、社会変化について考えるための指針としては不十分である。ものごとは改善したか悪化したか、それが、社会学者が測定しようとしていることなのかもしれない。そのためには、ものごとの良さを評価するなんらかの基準を考案することが必要だ。そうすれば他の人は自由に、そうした基準や測定法を批判することができる。改善したものもあれば衰退したものもあるということがわかるかもしれない。楽観主義者も悲観主義者も陥りがちだが、一つの支配的パターンがあると仮定するのは、おそらく間違っているのである。

〈文化チーム〉と〈構造チーム〉

文化と社会構造は、社会学者の思考の中心となる考えである。**文化**とは基本的に、人びとが知っているすべてのこと――世界を分類するために彼らが使用する言語や、その分類に割り当てる意味など――を指す。文化は人類学の中心的概念でもある。というのも、初期の人類学者は遠い場所へ旅をし、そこに暮らす人びとが自分たちの世界をどのように理解しているかを記録していたからだ。そうした人びとは異なる言語、異なる習慣、異なる信仰をもっていたため、それぞれの文化の顕著な特徴を簡単に見極めることができた。これは、人類学者が自分自身のありふれた日常世界を理解する仕方とは著しい対照を成していた。

自分自身の文化を認識することは、より難しいことである。そこにどっぷりと浸かっていると、その世界に対する自分たちの理解は正しく、正常であり、分別があると、単純に仮定してしまうからだ。これが、社会学が比較を頼りにする理由であり、この比較が、社会のそれぞれ異なる場所を占める人びとは多くの場合、ものごとを異なる方法で見るということを明らかにするのだ。この発見はちょっとした衝撃を与える。つまり、私たちが当然とみなしている視点はすべての人が共有しているわけではなく、私たちの文化は多くのなかの一つに過ぎないという認識である。

ここで、さらにもう一つのステップが必要となる。私たちが自分の文化や視点を正しく正常であると考えるのと同じように、他の文化に暮らす人びともまた、自分たちの文化が正しく正常であると当然のように考えているという認識である。時空間を超えたすべての人が、己の文化に没頭しているのである。

社会構造は、社会生活がどのように組織されるかを指す。存続を求めるあらゆる社会は、男性と女性、子どもと大人を必要とする。狩猟採集社会の最小集団でさえ、これらそれぞれ異なるメンバーのなかで社会的取り決めを忠実に守り、分業を行っている。より大規模な社会は氏族、民族性、性差、財産、社会的地位、権力、職業、年齢、宗教、その他社会学者の研究対象であるすべての変数の相違に基づいた、より精巧な社会構造を考案する。

文化と社会構造は互いに複雑な方法で強化し合っている。ある人の文化的知識の多くが、彼らの社会の社会構造の理解を助け、そうすることで、ほとんどのメンバーが社会的取り決めを、そういうものだ、そうなることになっているというように、当然のことと考える。同時に、そうした社会的取り決めは、たとえば若者に文化的教訓を教える家族や学校を整えることにより、文化を再生産する役割を担う。

人類の歴史の初期段階では、ほとんどの人が小さな同種のコミュニティに住み、世の中のしくみについて単一の見解を共有していた。ところが今日では、そうした保護された環境に暮らす人は比較的少数である。都会生活や、大規模で複雑な社会が、人びとを様々な種類の人たちと接触させ、テレビやインターネットなどのメディアがさらに別の種類の人びとへと私たちを晒している。それがどれほど私たちを動揺させるものであっても、こうした人びとはおそらく自分とは異なる食べ物を食べ、固有の衣服を身につけ、思いもよらない行動をするような異なる文化や下位文化に属しているということを認識しなければならない。この違いを理解する必要性こそ、まさに社会学が存在する所以なのである。

文化と社会構造はすべての人びとに影響を与える社会学の基礎となる概念だが、社会学者はしばしばある一つのものを強調し、別のものを過小評価することがある。これらをライバルチームと考えることができるだろう。つまり、〈文化チーム〉対〈構造チーム〉だ。どちらがどちらの原因になっているかについて、鶏が先か卵が先かという論争を耳にしたことがあるだろう。つまり文化が社会構造を操っているのか、それとも社会構造が文化を形成しているのか？　このことが、今度は社会学内の特定のテーマに関する議論を提起する。

たとえば貧困について考えてみよう。貧困は社会を研究する人びとにとって最も古くからの関心事であり、無数の研究の対象となってきた。したがって、私たちは貧困についてかなりのことを知っているということを考慮すると、こう尋ねるのが妥当だろう。すなわち、何が貧困を引き起こすのか？〈文化チーム〉と〈構造チーム〉は異なる回答を掲げる。

・文化チーム

その名が示しているとおり、〈文化チーム〉は文化の役割を、貧困およびその他多くの社会的状況の主な原因として強調する。社会学者が**文化**という言葉を使うとき、それは人びとの語彙、規範（人びとが行動の規則として考えているもの）、そして価値観（理想）などを含む、彼らが承知していることを指す。ある社会の内部の二つのサブグループを想像してみよう。どちらのグループも、もしかしたら若者たちに、学校で学生らしくふるまい、規則を守ってトラブルに巻き込まれないようにし、一生懸命働き、あまり早く結婚したり妊娠したりすることを避けることが重要だと教えているかもしれない。だが、一方のグループ（これらの目標を反映するような生活を送る数多くの大人が含まれる）は、常にこうした教訓を強調しているのに対し、もう一方のグループ（このグループの大人は、これらの目標のいくつかを達成できていない）は、このメッセージに対してあまり献身的ではないように見えることも確かである。言い換えれば、この二つのグループには異なる文化があるということだ。前者のグループは、成功への道筋として喜びや満足を先延ばしにすることを称賛し、後者のグループは、若者が生活改善のために多くのことをするのは不可能だという諦めとも言える感覚を伝えるかもしれない。前者の文化で育てられた子どもは、より一貫性に欠けるメッセージに晒されて育った子どもよりも、学校での素行が良い傾向にあると予想することができるだろう。*4

最近では、〈文化チーム〉が政治的保守派を引きつける傾向にある。彼らは、貧困は悪い選択（中退や非行為など）の結果であり、それが最終的に欠陥のある文化を生み出すと主張する。彼らは、たとえば階級差や人種差別など、社会構造の役割に関する議論を過小評価する傾向があり、その代わりに、貧困の解決策は個々人がより良い選択をすることにあるとする。

・構造チーム

〈構造チーム〉はこう答える。アメリカ社会は数多くの不平等を特徴としている。社会階級の不平等（一部の人が他の人よりも巨額の収入と多くの財産を所有しているということ）、民族的不平等（非白人は両親がそろった家庭で育てられる可能性が低く、平均寿命が短く、様々な差別を受ける）などだ。これらの構造配置により、すでに優位な立場にいる人は学校を卒業し、トラブルから距離をおき、貧困を避けるといったことが容易にできる一方で、不利な立場にいる人は、自分が直面する障害を克服することがより難しくなる。

〈構造チーム〉に属する人びとは、政治的にリベラルである傾向が強い。彼らは、ときに「被害者を非難する」という表現を用いて、文化を強調する説明に抵抗する（第13章で詳述する）。この観点から考えると、〈文化チーム〉が悪い選択に貼るレッテルは、自分たちがおかれた構造的に困難な立場に対処するための創造的な方法として、より良く理解される。彼らは、郊外に住む中上流階級の子どもたちは素行が良いと聞いても驚くべきことではないと主張するだろう。結局彼らにはあらゆる利点があるのだから。ところが貧乏な子どもは、金銭的に余裕がなく、セキュリティが万全ではない家庭に生まれ、チャンスに恵まれることのない二流の学校に通っている。不満をもったり失望したりする人がいるのも当然だろう。〈構造チーム〉は、個々人の悪い選択を理由に文化を非難するよりも、真摯に貧困と向き合いたいのなら構造的問題を正す努力をすべきだと強く主張する。

・そして、正しいのはどちらか？

どちらのチームも一理あると、皆さんは考えているかもしれない。貧困は複雑な現象であり、おそらく唯一の原因——または唯一の解決策——といったものはないだろう。文化も社会構造もどちらも、個々人の行動の違いを形成する役割を担っていることは確かであり、それはつまり、一方のチームを選ばず、もう一方のチームを一途に選択するということは避けるのが賢明だ、ということだ。たった一つの本当の理由を知っていると主張したり、別の見方を考慮することをすぐさま否定したりすることは、社会的世界を単純化しすぎている。どちらかのチームに忠誠を誓う必要はどこにもないのだ。むしろ、いつ、どのように、文化と社会構造は影響力をもつのかを決定する証拠を、念入りに検討するほうが理にかなっている。

インサイダーとアウトサイダー

必然的に、文化と社会構造について私たちが何に注目するかは、自分がどの立場にいるかによって決まる。私たちはある特定の文化と社会構造の内部にいるインサイダーだから、そうした立場を当然のことと考えがちなのか、それとも私たちはアウトサイダーで、なじみのない文化や社会構造を外から覗き込みながら、ものごとを理解しようとしているのか？　人類学者はときに、これらをそれぞれエミック（インサイダー）な観点とエティック（アウトサイダー）な観点として言及する。いずれも長所と短所があることを認めることが重要だ。

インサイダーは自分の世界を、アウトサイダーが完全に把握できないほど微妙な違いも含めて、十分に理解している。しかし、インサイダーはその世界を当然のこととみなしているため、自分――およびその世界の他のメンバー――が立てた仮説を認識したり、それについてクリティカルに考えたりするのが難しい場合がある。一方でアウトサイダーは、自分たちが分析している世界に対して容易に客観的になることができるが、その細部についての理解は常に不完全となる。

実際、私たちは皆、世の中を生きていく上でインサイダーになったりアウトサイダーになったりする。それぞれの自分は、ある特定の年齢、性別、民族性、身長をもつ個人であり、独自の個人的な経験の歴史がある。自分がこれまでどこにいて、どのように感じてきたかを完全に理解できる人は、自分をおいて他に誰一人いない。ある程度まで、私たちは自分以外の誰もがアウトサイダーだと考えることができる。
このことは、一部の社会学になぜ個人史的性質が存在するかを説明するのに役立つ。特定の民族集団に属していたり、女性であったり、ある職業に就いていたりといった、社会生活のある側面を直接経験してきた社会学者は、なぜこの側面が社会学的に興味深く、それを研究する気にさせられるかということが簡単にわかる。これには数え切れないほどの実例がある。なかには、偉大なアフリカ系アメリカ人社会学者、W・E・B・デュボイスによる『フィラデルフィアの黒人』をはじめとするアメリカの黒人社会に関する古典的作品など、アメリカの社会学の最初の数十年にまで遡るものもある。

社会科学者が発見したことは、ある程度まで、彼らのインサイダー／アウトサイダーの立場から形成されていることは疑いようもない。こうした考慮が物理科学者に関する議論に影響を与えることはめったにない。私たちは、分子特性を研究する化学者や、天体の動きを観測する天文学者が「アウトサイダー」であることを当然と考え、化学や天文学を行う最善の方法は、主題に対して客観的なアプローチを採用することに関わっていると予測する。社会科学者は逆に、客観的であることがそもそも可能かどうか、または望ましいかについて議論する。

アウトサイダーは、社会科学者にとって客観性は、物理科学者にとって重要であるのと同じくらい重要だと仮定する。しかしインサイダーは、そうした客観性は不可能であり、アウトサイダーは自分が研究したいと望んでいる社会的プロセスを完全に理解することは決してできないと主張する。場合によっては、アウトサイダーは自分が属していない集団については、研究を試みることさえすべきではないと主張する。

これら両者の観点はそれぞれ一理あるが、現代の社会学者は、一部のグループに関する研究を行うアウトサイダー的能力を進んで疑問視する傾向が強く、最近の多くの民族誌はインサイダーが書いている。インサイダーもアウトサイダーも、どちらにも長所もあれば短所もあることを覚えておくと良いだろう。そして、どちらの観点から書かれたものでも、すぐれた研究は容易に見つかるのだ。

悲劇と喜劇

悲観主義へ傾く性向を考えると、多くの社会学者が自身の研究を悲劇的な観点から見て、研究対象とする人びとが直面する欲求不満や困難に焦点をあてるのも驚くべきことではない。彼らは自分の中心的テーマを、それが個人の生活にもたらす不平等や悪影響として見ているのだ。彼らは、人びとの生活を困難にする社会構造の取り決めに着目する傾向があり、研究対象となる人びとの苦境に読者が共感できるように努力している。

しかしながら、社会学者のなかには、もっと喜劇的な――多少アイロニーを含んだ――ビジョンを選ぶ者もいる。アーヴィング・ゴッフマンの研究の多くは、日常生活を裏付ける仮説に対して、人びとが一見気づかないでいることについて探究したものである。たとえば彼は、人が他人に自分を印象よく見せようとしているうちに、いつのまにか、自分が演じていたはずの資質を本当にもっていると、いかに思い込もうとするかを調査した。同様に、信用詐欺師がいかにして、被害者が当局に告発しないよう説得するやり方を、人びとが互いに助け合いながら、日々の生活のなかの失望に対処する方法になぞらえている。[*5] 言い換えれば、ものごとに対して平静を装うということは、人びとが自分の活動に関して行う説明と、彼らが過小評価したり隠したりしたいと思う他の目的との間にギャップが生じるということを意味する。この不一致――人びとが考えていること（または少なくとも考えていると口にすること）と、彼らが実際に行うこととの間のギャップ――が予想外のものになるのは、人間喜劇のあらゆる部分が明るみに出るときである。社会学に関する本をたくさん読む人なら、喜劇的な含みをもつ他の作品例を挙げることができるだろう。

『何がそんなにおかしいのか？――文化と社会の喜劇的概念』と題された著書で、社会学者のマレー・S・デイヴィスはこう論じている。「ユーモアは社会学が調査するものと同じ現象を笑いの対象にする」。[*6] つまりユーモアは、自己欺瞞や偽善は言うまでもなく、社会類型、社会的交流のありふれたエピソード、マナーにおけるパターン、期待違反などの性質を帯びるということである。社会学者がどれほど厳しく、自分たちの研究テーマにおかしなことなど何もないと言い張ったとしても、社会論評はしばしば喜劇性を帯びる。トム・ウルフやデイヴィッド・ブルックスなど、喜劇的なニュアンスをもつ楽しい――そして社会学に精通した――分析を行うジャーナリストについて考えてほしい。[*7] またはパーキンソンの法則（仕事は割り当てられた時間をすべて埋めるように拡張するという考え方）や、ピーターの法則（ヒエラルキーにいる人びとは自分の「無能のレベル」まで到達する傾向があるとする考え方）も、社会的慣習を鋭く批判する社会科学者の研究を装ったユーモラスなエッセイに登場する考え方である。[*8]

ほとんどの社会学者が悲劇的な観点から自身のテーマにアプローチすることを好むが、だからといって、この事実が喜劇的志向性を採用する可能性を除外することにはならない。それは、社会学が現在、悲観主義や構造的説明、インサイダーの声の信憑性に傾いているとしても、それが一部の社会学者に実験的な方法を選ばせないようにしているわけではないのと同じことである。

志向性の重要性

本章のテーマ――楽観主義と悲観主義、文化と社会構造、インサイダーとアウトサイダー、そして悲劇と喜劇――は、社会学的気質またはスタイルの問題として捉えることができる。これらは社会学者がみずからの研究を追求し、提示する方法を決定する際に行う選択に関わっている。なかには社会学者がなんらかのスタイルを採用したときに戸惑う人もいるかもしれないが、これらのスタイルはいずれも、もっともな選択と言えるのだ。

こうした志向性は、クリティカル・シンキングとどんな関係があるのだろうか？　理論上、スタイルの問題は、社会学的議論の質を判断するには重要ではないように見えるかもしれない。しかし実際は、多くの社会学者が、自分とは異なるスタイルでなされた研究を評価するのは難しいことがわかるだろう。志向性を意識することは、研究をその適切な文脈に位置付けるのに役立つ。

まとめ

・社会学的研究に根拠を与える志向性について考えることは有益だろう。たとえば、それは楽観的か悲観的か？　文化の役割または構造の役割のどちらを強調しているか？　分析者はそのテーマに、インサイダーとしてアプローチしているか、またはアウトサイダーとしてアプローチしているか？　その視点は悲劇的か喜劇的か？

第8章

言葉の問題

Words

私たちは皆、何かを考えるとき、言語に頼っている。自分が知っている言葉と、その言葉に割り当てている意味が、私たちの思考を形成する。この点については、社会学者も他のすべての人と同じだ。私たちの語彙は、この世界を理解し、説明する作業に影響を及ぼす。ところが、社会学者は社会の構成員がいかに、そしてなぜ、そのように行動するかを説明しようとするため、私たちが使う言葉は特別な注意を払って選ばれる必要がある。これは必然的に、インサイダー／アウトサイダーの問題であり、その点で社会学者は社会の内部で獲得された言葉を使用しなければならないと同時に、その社会に対して社会科学的でアウトサイダー的な立場もとらなければならない。言葉はときに捉えどころがないがゆえに、混乱をきたす可能性があるからだ。

特殊用語

社会学を批判する人たちはしばしば、不必要なほど複雑な言語、つまり特殊用語とか社会学用語などと呼ばれてきた言語で自分の考えを飾り立てているとして、社会学者を嘲笑する。*1 こうした批判が仄めかしているのは、社会学者の気取った言語には、社会学が一般常識以外の何ものでもないという事実を隠蔽する意図があるということだ。社会学者自身でさえ、同じ学問分野内の他の陣営を、不必要なまでに理解しがたい、謎めいた言葉を使っていると言って批判する。*2

この批判は社会学者に自己弁護的な態度を取らせる可能性があり、なかには考えを正確に述べるには技術的言語が不可欠であると主張することで、みずからの文章の正当性を証明しようとする者までいる。結局、化学者やその他の科学者が特別な語彙を使用するように、社会学者も自分が使う言葉を選択する権利があるのだ、と。だが、そうではない社会学者は、特殊用語を批判する人も一理あるということを認めることもあり、そうした人びとは自身の学問分野内に、よりわかりやすい文章を要求する。*3

言語にまつわる社会学者の問題は、単に文体上のものだけではない。社会科学の文章には社会学者の推論に論理的問題を生み出す可能性のある、本当の落とし穴があるのだ。たとえば社会心理学者のマイケル・ビリッグの『悪文の書き方を学ぶ――社会科学で成功する方法』という著書は、そのタイトルからして、特殊用語に対するまた別の不満を述べているように見えるが、彼は、より重要な核心をついている。つまり、新語を生成することにより、社会学者はこれらの新しい言葉を実際の説明と等しいものとして扱うよう仕向けられる、ということである。[*4] 通常これには、**官僚化**とか**近代化**といった、社会的プロセスを説明するための名詞をつくることが含まれる。こうした言葉がどのように、実際の内容を説明しているという錯覚を与えるかを見てみよう。たとえばアシュレイは、社会は他の社会の慣習を取り入れることによって変化すると述べる。これは通常、私たちが近代的と考える他の社会のようになっていくということが含まれるため、彼女はこのプロセスを**近代化**と呼ぶ。Xという社会では何が起こっているか？ それは近代化している。なぜ近代化しているのか？ なぜなら、他の近代的な社会と同じようになっているからだ。

このように表現すると、これはトートロジー（同義語反復）だと認めざるをえない。つまり、Aが真であるのは、私たちがそれを真と仮定するからだと述べるような詭弁のことだ。社会Xが近代化しているのは、それが他の近代的な社会（つまり近代化の定義）と同じようになっているからだ、という表現がまさにそれである。しかし、そうした使用法は通常、より冗長的な言葉でもって飾り立てられる。たとえば、社会Xは「近代化のプロセスの途上である」といった表現だ。これには受動的な動詞――行動の主体をしばしば曖昧にする文法的工夫――と、まったく無用な「〜の途上」という言葉が加わっている。なぜ冗長かといえば、近代化そのものが、定義上、一種のプロセスだからである。結果的にそれは、他の近代社会のようになるプロセスのプロセス、ということになってしまう。さらにこれは単なる描写に留まり、説明になっていない。言葉を付け加えるだけでは、アシュレイが実際に何かを説明する手助けにはならないということだ。

社会学者の語彙は、他のすべての言語と同様、長い期間を経て進化してきた。かつてよく使われていた言葉も、新しい用語が流行すれば廃れていく。たとえば、二〇世紀初頭、「有色（*colored*）」という言葉はアフリカ系の祖先をもつ褐色の肌の人びとに対する礼儀正しい、敬意のこもった言葉だった（一九〇九年に設立された全米有色人種地位向上協会［NAACP：National Association for the Advancement of Colored People］など）。二〇世紀半ばになると、「有色」という言葉への関心が薄れ、代わりに「ニグロ（*Negro*）」が好まれるようになった（一九四四年に設立された全米黒人大学基金［National Negro College Fund］など）。一九六〇年代後半には、「黒人（black）」がニグロに取って代わった（一九七一年に設立された連邦議会黒人議員幹部会［Congressional Black Caucus］など）。その後、「アフロアメリカン（*Afro-American*）」、「アフリカ系アメリカ人（*African American*）」などの言葉が支持を得るようになる。[*5] 各時代で、礼儀正しくあろうとする人びとは、これらの用語を同じグループの人びとに適用し、それぞれの新語が採用されると、それまで使われていた言葉は古臭く、失礼で、無礼にさえ聞こえるようになっていった。

もう一つの例を考えてみよう。一九世紀後半、知的能力が高くないとされる人びとに対して専門家が使用していた礼儀正しい用語は、「知能の遅れた（*feebleminded*）」だった。心理学者が知能テストを適用し始めると、彼らは「軽愚（*moron*）」（測定されたＩＱが五一〜七〇の人と定義される）などの新しいい用語をつくり出した。二〇世紀半ばには、「知的発育の遅れた（*mentally retarded*）」という言葉が、「低脳（*moron*）」（および特定の範囲の低いＩＱスコアを示す用語でもあった「痴愚（*imbecile*）」や「白痴（*idiot*）」）に取って代わった。現在好んで使用されているのは、「知的障害者（*intellectually disabled*）」である。これらの用語はすべて、もともとは物理学者や心理学者、その他の専門家の間で支持されていた。まだ新鮮なうちにそうした言葉を使うことは、良識あるプロフェッショナリズムの証だったのだ。しかし、一般の人びとに普及するにつれて、これらの言葉は蔑称的な意味合いを帯び、もっと品位のある新しい用語への需要が発生した。そうした新しい用語を使用することは、その人が礼儀正しい人であるということを示し、それは古い用語を使い続けることが流行遅れで、鈍感で、はなはだ無神経とさえ思われるのと同じことだった。

このパターン——たとえば新語など、何かが出現し、普及すれば、その人気は必ず薄れていくということ——は、あらゆる流行の特徴である。[*6] 私たちは流行を軽薄な言動と結びつけがちだが、最もまじめな社会的世界——もちろん社会学も含まれる——でさえ、こうした流行を経験している。社会学的な語彙は、まさにその時代の産物なのである。新語がどんどん生まれる一方で、古い言葉は次第に廃れていく。「東洋の（*Oriental*）」は「アジアの（*Asian*）」になり、「ジェンダー（*gender*）」が「性役割（*sex role*）」に取って代わり、「言語（*language*）」は「言説（*discourse*）」に変化している。「強制的異性愛規範（*Compulsory heteronormativity*）」などの新しい概念も出現している。これらの変化のいくつかは、より大きな社会の言語における移行を反映しているが、そうでないものは社会学の範囲内、もっといえば特定の社会学の陣営に限定されている。

これらの言葉の選択がステータスシンボルになることに注意してほしい。現行の洗練された専門用語をいろいろな観点から検討することができる社会学者——特に哲学への羨望（第6章参照）に苛まれる人びと——は、自分たちは最新であり、その学問分野の最先端をいく考え方のトップに位置しているということを世の中に誇示する一方で、もはや流行の終わった用語を使うことに固執する人びとは、自分たちは時代遅れで、過去の過ちに関与していた者とまで自分を表現する。著者——および編集者——は、自分たちが選ぶ言葉についてあらゆる種類の意思決定をしなければならない。たとえば〔人種、民族、文化的な文脈で用いる、大文字から始まる〕「黒人（*Black*）」に対立するものとしての黒人（*black*）について書くとしたら何と表現するか？[*7] もし*Black*を選んだとしたら、〔大文字で始まる〕*White*と書くべきなのか？　ある一般人について語っているとき、その人を「彼（*he*）」と呼ぶか、「彼女（*she*）」と呼ぶか、「彼または彼女（*he or she*）」と呼ぶか、それとも「その人たち（*they*）」と呼ぶのか？　そうした一見些細な決定でさえ、それは自分の立場を暴露するものとなり、自分自身と自分の考えが他人からどのように判断されるかに影響する。

新しい用語はどこにでも均等に、または同時に普及するわけではないことは明らかだ。むしろそれは、既存の社会ネットワークに沿って普及する。社会学の内部では、用語は陣営内で発生し、初めのうちはこの範囲内に広まる。ある一つの陣営の境界を超えて普及することがまったくないものもあれば、他の社会学の陣営または社会学以外の人びとに採用されるものもある。最も成功した用語はメディアや政府機関、その他、その正しい使用法の見本となるような著名な人物によって根づいていく。おそらく、（大規模と対比した場合の）小規模のカテゴリーの人びとを指す用語を変えるほうが簡単であり、ある集団が自分たちへの新しい呼称を要求するよりも、他の人びとにレッテルを貼るほうが難しいだろう。たとえば、「アフリカ系アメリカ人」という用語が「黒人」に置き換えられようとしたように、白人も「ヨーロッパ系アメリカ人（*European Americans*）」に名称を変えるべきだと提案する者もいたが、この用語が多くの支持を得ることはなかった。同様に、トランスジェンダーの人びとへの関心が高まっていることにより、ジェンダー問題に関心のある人びとは、自分の性同一性が身体の生殖器官と一致している人びとを「シスジェンダー（*cisgendered*）」〔ラテン語で cis- は trans- の対義語で「こちら側に集まっている状態」を指す〕と呼ぶようになった。この用語――私がこれを執筆している時点でも比較的新しい言葉――が一般に採用されるようになるかどうかはまだわからないが、この言葉は大多数の人びとを示すものであり、そのほとんどが、その言葉の必要性をおそらく認識していないため、これがある特定の学術的陣営や社会的集団以外の場で幅広く利用されるようになるとは考えにくい。

言葉が採用されるのは、それが有益だと証明されるからだ。ほとんどの新語は日常生活を描写する試みとして現れる。誰が**ヘリコプターペアレント**という言葉をつくり出したかわからないが、多くの人がこれを使っている。**ロールモデル**や**重要な他者**といった用語も社会学の内部から発生し、最終的に一般市民に浸透していったが、ある特定の社会学の陣営内に現れる言葉のほとんどは、幅広く普及することはない――そしてそれを期待すべきではない。というのも、こうした言葉はおそらく有益とは思われないからだ。結果として、社会学の著書の読者は、社会学者がもっと平易な文体で書いた場合に想定されるよりも少ないということになる。

用語の定義の問題

概念の発明には、また別の問題が伴う。社会学者は自分が発明した用語を、たとえば「これはこの概念の一例だが、あれはそうではない」というように、他者がその概念の意味に明確な境界線を引くことができるほど正確に定義することはめったにない。

社会学者が一九四〇年代後半に語り始めた逸脱について考えてみよう。この概念の背景にある興味深い考えは、人びとが犯罪や精神疾患、自殺、婚外交渉について考えたり、それを取り扱ったりする方法には類似点があるということだった。一見したところ、これらは別々の種類の現象のようである。たとえば、犯罪を犯した人はその行為に責任があるとみなされる一方で、精神的に病んでいる人はそうは思われなかった。その結果、犯罪者は罰せられたが、精神疾患者は治療を受けた。しかし実際のところ、そこには類似点があるのだ。有罪判決を受けた犯罪者を収容する刑務所と、当時多くの精神病患者――その多くが不本意に入院させられていた――を収容していた精神病院は、それほど異なるようには見えなかった。*8

そこで社会学者は、何がこれらの現象を結びつけるかについて探究し始め、逸脱という概念を提示したのである。彼らは当初、逸脱は規範の違反として定義されるべきだと主張した。これは犯罪者の場合にかなり明白だった――犯罪は法律を破ることと関係があるからだ。だが、精神的に病んでいる人はどんな規範を侵したのだろうか？　たとえば、私たちはひどく落ち込んではならないという**規則**

が実際にあるだろうか？　社会学者はこれに関して、精神疾患は**残差規則**（すなわち暗黙のルール）を破ることに関わるものだと説明することによって、抜け道を見つけ出そうとした。ところが、逸脱は規範の違反であるという定義をめぐる様々な問題が理論へのラベル付けにつながり、それが逸脱を、「常軌を逸している」と人が考えるあらゆることとして定義したのである。もちろんこれは、日常生活で普通に使われるような用語ではなかったため、その概念をどのように適用すればよいかを知るのは困難だった。社会学者は以来、数百とは言わないまでも数十もの、逸脱に関する少しだけ異なる定義を提示してきたが、それらの定義のほとんどが、根底においては、逸脱は規範の違反である、および／または、常軌を逸しているとラベル付けされるものを含むことを認めている。

しかし本当の問題は、逸脱の領域というものがどのように定義されようと、そこに何が含まれるかを見極めることだ。犯罪と精神疾患は当然含まれる。同性愛はどうか？　かつては問題ありとみなされていた（そして逸脱のカテゴリーに日常的にまとめられていた）同性愛をはじめとする性的指向のすべての態度が、いまやほとんどの社会学者に、逸脱の範疇外にあるものとみなされている。同様に、初期の逸脱の教科書には、たとえばギャンブルや離婚、婚前交渉といった、いまでは逸脱の学習課程ではカバーされないようなテーマに関する章が含まれていた。実際、社会学者はあらゆる種類の異種現象を逸脱の形態として特定してきた。たとえば、ジャズミュージシャン、赤毛の人、ホロコースト（ユダヤ人大虐殺）、障害者などだ。これらに共通しているものが何か、つまり、逸脱がどのように定義されてきたかは明確ではない。そこには、人目を引く実例に大きく依拠するような定義をもつ、他の社会学的概念と似たような混同があるのがわかる。それらの著者はこう言っているように思える。「おわかりのように、この概念はこうした実例によって説明されます」と。

概念《コンセプト》の拡大——コンセプトクリープ

曖昧な定義に基づいて構築された概念がなぜ問題なのか。それは、こうした概念がこれまでにないほど数多くの主題に、容易に適用されてしまう可能性があるからだ。これは、その概念の有用性とその著者の影響力のしるしとみなされることが多い。ある用語を発明した著者は、他の注意深い研究者がその用語を使用する際に引き合いに出されることになるため、そうした引用は、その著者が影響力のある思想家であり、その概念には有用性があるという「証拠」を提供する。こうしたすべては、一時的な流行語を採用する傾向を強めるため、その言葉をつくった人と、それらの言葉を採用するほど十分流行に敏感な人びとの両者に、好意的な注意が向けられることになる。

そうした引用が容易になるのは、その概念そのものが曖昧に定義されてきたような場合である。逸脱の例をもう一度挙げよう。右利きの人は左利きの人より人口が多いため、腕時計やハサミなど、日用品の多くは右利きの人が使いやすいように設計されているということは誰もが知っている。左利きも逸脱の一形態であると主張しないのはなぜなのか？　これは、左利きであるという、一部の（おそらく左利きの）著者が興味深いと感じているテーマを、より幅広い社会学的思想体系と結びつける。

左利きであることは、どちらかといえば犯罪や精神病などの古典的な逸脱の例とは異なることに注意したい。左利きだからといって、刑務所や精神病院のような施設に強制的に入れられることはない。

彼らは単純に、右利きの人のために作られた社会に軽い不便さを感じているだけだ。腕時計を巻いたりハサミを使ったりすることが、右利きの人より難しく、もしかしたらちょっとからかわれたりしたこともあるかもしれない。そこで、たとえば厳しい罰則から最も穏やかな類の不認可に至るまで、様々な社会的不便さの目盛りを想定し、投獄の側に常習犯、からかいの側に左利きの人を置いてみよう。明らかに、社会学者が逸脱について語り始めたとき、彼らはこの概念を、投獄をはじめとする重い制裁の対象となる人びとを指すものとして思い描いていた。しかし時代が変わり、他の社会学者がジャズミュージシャンや赤毛の人を逸脱のカテゴリーに含めるようになるにつれ、この概念の領域が拡大しだしたのだ。

これをコンセプトクリープと呼ぶ。すなわち、時の流れとともに、ある概念（コンセプト）が含むと考えられるものが拡大し始める（クリープ）ということだ。このプロセスには自然消滅というものがない。[*9] 社会学者が冗談半分で、「いや、誰もが常軌を逸している」と言っているのを聞いたことがある。しかし、この指摘を真剣にとると問題が生じる。誰もが常軌を逸しているとすれば、逸脱の意味が姿を変え、単なる人間であることと同義になってしまうからだ。この用語は社会学的に考えるためのツールとしての価値をすべて失ってしまう。コンセプトクリープは経済学者が言うハイパーインフレーションの社会学バージョンである。つまり、一つの用語があまりに多くの異なるものごとを指すのに使用されるようになると、ほとんど価値のないものになるということだ。

コンセプトクリープは、私たちが先に検討した曖昧な定義によって促進される。社会学者は様々な実例を利用して自分が使う用語を定義する傾向があり、そうでない社会学者は実例を追加するよう促され、そうしていくうちにいつの間にか、新しく追加された言葉が、そもそもその用語にインスピレーションを与えたオリジナルの実例とは似ても似つかないものになっていく。

アーヴィング・ゴッフマンの古典的評論、「全制的施設の特徴について」を考えてみよう（「全制的施設」とは刑務所のように、管理者によって生活のすべてが統制されているような隔離施設のこと）。ゴッフマンは正確な定義を提示していないが、施設のなかには「ある程度不連続に、列で順番を待つ人の数よりも多い人びとを収容するところもある」と指摘している。続けて彼はこう述べる。「そうした施設の包括的で全制的な特徴は、外部との社会的交流を妨げる防護柵や、施錠されたドア、高い壁など、しばしば物的設備に組み込まれた、新たな出発への障壁によって象徴される……これらの制度を、**全制的施設**と呼ぼう」[*10]。ゴッフマンはさらに、こうした種類の場所の例——刑務所、精神病院、軍用基地、修道院など——をリストアップしている。この曖昧な定義がゴッフマンの分析に悪影響を与えないのは、彼がその評論のなかで挙げている実例があまりに説得力があったためである。全制的施設という概念が次第に影響力をもつようになるにつれ、人びとはこの用語を、高校や大学など、それまで以上に幅広い範囲に適用し始めた。その牽引力は一目瞭然である。たとえば高校を全制的施設と呼ぶことは、それがあたかも刑務所のような場所だということを示唆しており、少なくとも学校の教室に収容されていると感じる生徒がいるということを私たちに思い出させる興味深い考え方である。それでは、人が疎外されている、または追い詰められていると感じるような他の状況についてはどうだろうか？　ショッピングモールやテーマパークはどうか？　熱心な社会学者が、それらを全制的施設の領域内に含めることを阻止するものはほとんどない。

このアプローチを採用している自然科学者を想像してみよう。たとえば、八つ以上の陽子が結合した原子は、酸素としても表すことができると化学者が言い始めたとしよう。この考え方はばかげている。むしろ、自然科学者はみずからの概念の境界線を監視する。小学校のころ、私は九つの惑星が太陽の周りを回っていると教わった。ところが二〇〇六年、天文学者は冥王星を準惑星として再分類することを投票で決めたため、現在の学童はみな、太陽系には八つの惑星があると学ぶ。冥王星が降格したのは、一部にはその軌道と構成が他の惑星と異なっていたからだった。太陽に近い四つの惑星は基本的に岩石で、外側の四つは巨大なガス玉だが、冥王星は氷結物の小さな塊である。天文学者は他の比較的小さな、より遠くにある、太陽の周りを回る氷の塊を見つけ出そうとした。冥王星が惑星であれば、これら他の物体も惑星のランクに仲間入りすべきではないのか？ 彼らは境界線を引いて、他の多くの小さな、あまり面白みのない氷の塊を追加するのではなく、冥王星を惑星のリストから除外することを決めたのだ。

社会学者はなぜ、みずからの概念の境界を制御することがそれほど難しいと感じるのだろうか？ それは、彼らの定義が不明瞭だということだけではない。なじみのある、すでに確立された概念に便乗すれば利点があるからだ。そうすれば分析者は、何を研究しようとそれは確立された概念のような——それと似た、それと本質的に同じである、真にそれと違いのない、それと道徳的に同等である——ものだと主張することができる。さらにそれは分析者に、既存の概念にどんな威信があろうと、その威信を利用させるのだ。

しかしそこには犠牲が伴う。もしすべての議論が説得を目的としているとしたら、それらはコミュニケーションの一形態となる。その目標は、ある人間の頭のなかにある考えを別の人間の頭のなかへ移動させることだ。私たちが選ぶ言葉が、それを簡単にもすれば難しくもする。曖昧で謎めいた、なじみのない社会学用語を使えば、そうした言語を使用している人に、自分は賢く、洗練されていると感じさせることはできるが、それはターゲットとしている受け手から、注意を向けようとする意欲をわざわざ奪うことにもなりかねない。そして社会学的概念の領域を制限する明白な定義がなければ、この学問分野が継続的に進歩することは難しいのである。

まとめ

・言葉の選択は、議論の明白性を改善することもあれば、歪めることもある。
・言葉の選択は流行に左右される。
・社会学的概念は明確に定義されていないため、その領域は容易に拡大する。

第9章

社会についての「問い」と「測定」

Questions and Measurements

私たちは世界についてあらゆる種類の疑問を抱くことができる。神は存在するか？　空はなぜ青いのか？　公平とは何か？　正義は存在しうるか？　といった疑問だ。社会学はこうした疑問のほんのいくつかにしか答えることができないことを認識することが重要だ。社会学者は、神が存在するかどうかについて個人的な意見があるかもしれないし、基礎科学のクラスで学んだことをよく覚えていて、それをもとに空がなぜ青いかを説明するかもしれないが、こうした疑問に取り組む際に、みずからの社会学の専門知識を当てにしようとはしない。

人びとが互いに与え合う影響力に対して社会学的な観点から焦点があてられている場合、社会学的な**問い**は、そうした影響力が作用しているかどうか、それはなぜ、またどのように作用しているかということを取り扱う。したがって社会学者は実際に、神の存在や空の青さについて独断的に意見を述べることはめったにない一方で、何が公平で何が正義かについては自分の立場を表明するだろう。なかには、公平さと正義を促進することにみずからを捧げるべきだと宣言する者までいる。とはいえ、社会学における訓練が、何が公平で何が正義かについて権威ある判断をする資格を彼らに与えるわけではない。

公平さと正義に関するクレイムは、個人の価値観に左右される**価値判断**である。これらの価値観の違いは、しばしば社会政策に関する論争につながる。人びとが永遠に議論を続ける、よく知られた重大な問題——銃規制、妊娠中絶、死刑制度、アファーマティブアクション〔性別や人種などで社会的に差別されている人たちを救済する措置〕、安楽死、移民、薬物など——について考えてみよう。これらの論争に参加する人びとは、みずからの立場を、公平さ、正義、倫理観、自由、権利、平等といった価値観から正当化する傾向がある（第2章で説明したように、これらは彼らの議論の論拠である）。多くの場合、反対側にいる人びとも同じ価値観を引き合いに出す。たとえば、法的中絶の支持者も反対者も、どちらも権利の言語を使用してみずからの見解を正当化する（つまり、女性の選択権vs胎児の生存権）。それはアファーマティブアクションをめぐる論争が公平性に関する対立した考えに変わっていくのと同じである。価値観は抽象概念であるため、人びとは同じ一般的な価値観を引き合いに出しながらも、その価値観が実際に意味するものについては意見を異にする。

価値判断は時と場所によって変化する。そして、このことをより良く意識しているのは、結局のところ文化の違いを研究する社会学者をおいて他にはいない。二世紀前には、奴隷制度は公平で、正しく、正常で、望ましいと強く主張するアメリカ人もいた。同時に、こうしたクレイムのすべてに反論するアメリカ人もいた。人びとがどんな議論を利用して、様々な時点で奴隷制度を支持したり、それに反対したりしてきたかということに、社会学者は関心を抱いている。公平さと正義に関する特定の考え方がどのように、そしてなぜ出現し、普及し、消えていったかを研究することこそ、まさに彼らの仕事なのだ。現代では、奴隷制度は間違っているという見解がきわめて一般的である。ところが、奴隷制度は悪であるという宣言、すなわち、あるものが公平であり正義であるか、またはそうではないかというクレイムは、社会学からではなく、それぞれの個人的な価値観から引き出されるのである。

この事実は、人が自分の資格――たとえば（どこかの）大学の（なんらかの学科の）教授という資格――を引き合いに出したとき、つまり自分自身の価値観を表現したり、意見を提示したりするときに、見えづらくなる可能性がある。なんらかの立場をとる人がなんらかの見解を保持していることがわかれば、それは、他の人をその見解に向けて説得するのに役立つだろう。しかし私たちは、彼らの資格の関連性についてもよく考える必要がある。医者は一般の人よりも医療のテーマについて語る資格があるかもしれないが、彼らの判断が最も注目に値するものとなるのは、その専門分野が関連性をもつ場合である。同様に、社会学ではない問題に関して請願書に署名をし、なんらかの立場を明らかにする社会学の教授は、社会学者としてではなく、一般市民として話をしていると理解すべきである。

明らかに、すべての社会学者は――他のすべての人びとと同様に――価値観をもっている。まったく価値判断の影響を受けない社会学という考えは、一つの目標として理解するのが最も理にかなっている。つまり、研究者は証拠を正直に評価する努力をし、自分の価値観でもってみずからの研究が示すことを歪曲してはならないという目標だ。しかし実際には、価値観は社会学者がしばしば研究対象として選ぶものや、みずからの証拠をどのように解釈するかということにまで影響を及ぼすのだ。

経験的な問い

社会学者はときどきこんなことを言う。「それは経験的な問いだ」と。つまり、現実の経験的世界から証拠を調べることによって答えることができるはずだ、ということである。簡単な例を挙げる。学生でいっぱいの大学の教室を想像してみよう。アダムは、このクラスは男性のほうが女性より多いかどうか考えている。これを明らかにするために、彼はまず教室全体を見渡し、単純に男性と女性の数を数えるかもしれない。このクラスは男性のほうが女性より多いかどうかという問いは、したがって経験的問いであり、観察から得られた証拠を調べることによって答えることができる。

もちろん、すべての経験的問いが社会学的であるとは限らない。なぜ空は青いのかに対する説明を分析することは可能かもしれないが、そこに社会学的推論は関与していない。同様に、すべての社会学的テーマに関する問いが必ずしも経験的——または社会学的——とは限らない。社会学者は不平等ということに非常に興味を抱くが、これまで見てきたように、人は不平等についての疑問を巧妙につくり上げることがある。たとえば「不平等は公平か？」といった疑問だが、これは社会学の範疇外である。ところが社会学者は、不平等の種類、度合い、結果に関する証拠を集めることはできる。そして私たちは、そうしたテーマに関して経験的な問いを投げかけることができる。不平等を社会学的に研究することはできるが、社会学は、不平等が正しいか間違っているかについて決定することはできないのだ。

問いに答えるための測定

経験的問いに答えるには、集めた証拠を検討するなんらかの手法、つまり、自分たちが理解しようとしていることを測定する方法を考え出す必要がある。先ほどのアダムの問いに立ち返ってみよう。この場合、彼の手法は男性と女性という二つのカテゴリーの生徒を数えることだった。一方でブレンダは、このアプローチを疑問視し、こう尋ねる。観測した日に、何人かの生徒が休んでいたらどうするか？ または、見た目では男性か女性かを判断できない人もいるから、その人の性別を特定するのは難しいのではないか？ と。言い換えれば、教室を見渡すというアダムの手法は、男性と女性の相対的な数を正確に測定することにはならないかもしれないということだ。するとチャックは、それとは別のアプローチを提案する。クラス名簿を見て、男性と女性の名前を集計すればよい、と。ところがデビーはそれに反論し、チャックの手法にも問題があるという。なぜなら、エイドリアンとかテイラーといった名前は男性の場合もあるし女性の場合もあるからだ。それぞれの生徒の性別が書かれた名簿が見つかれば役に立つかもしれない。しかしエドは、単純に学生を見て数えることも、名前をクラス名簿でチェックすることも、どちらにも欠陥があると言って反論する。というのも、すべての人がバイナリージェンダー〔男か女かどちらかであること〕のアイデンティティをもっているとは限らないからだ。社会が決めた、男性、女性という分類を拒否する学生もいるかもしれない。

このように、反論すればきりがない。重要なのは、経験的問いに答える試みはどれもみな、必要な証拠を集め、それを評価するためのなんらかの手順が必要になるということだ。たとえ、教室にいる男女の数をそれぞれ数えるだけのことであっても、実際にある研究を行った人は、選択をし、何を調べるかを決め、その調査をどのように実行するかを決定しなければならなかったはずだ。そして、アダムとその仲間たちの議論が示しているように、人はどんなときもそうした選択に疑念を抱き、ある特定のアプローチが証拠を集める最善の方法ではないかもしれない理由を提示することができる。こうした論争は、二つの主な論点をめぐって展開する。つまり**妥当性**――提案された手法は想定されているものを実際に測定するか？――と**信頼性**――利用するたびに同じ結果を生み出す手法として当てにすることができるか？――だ。

アダムのケースでは、人を男性か女性かでラベル付けすることは、測定上最も単純でわかりやすい。非常に多くの場合、分類された人びと、研究する人、そしてその研究者が出した結果を読む人は、この男性―女性の分類を相対的に問題のないものとして見る可能性が高い。しかし、ものごとはあっという間に複雑なものになっていく。

ジョーンズとスミスは互いに選挙の対戦相手であり、あなたは選挙の展開を予測するため、どちらの候補者が優勢かを知りたいと考えているとしよう。いたってシンプルな設定だろう？　ところが、選挙に関する世論を評価する最善の方法については、ありとあらゆる種類の疑問がある。誰を調査すべきか？　という疑問については、ショッピングモールに行って、そこで出会った人に、どちらの候補者を支持するかを尋ねることもできる。だが、すべての人がそのモールに行くわけではないし、そこで過ごす時間が比較的長い人（したがってあなたに出くわす可能性が高い人）もいる。より正確な結果を得るには、母集団のなんらかの**代表サンプル**が必要になる。この場合、選挙が行われる地域に住んでいる人びとの代表サンプルだ。このようなサンプルを得ることは、モールに走って行くよりも時間もかかるし、お金もかかるが、そうした問題を克服し、聞き取りをする人びとの合理的な代表サンプルを思いついたとしよう。これは重要なことである。というのもあなたは、一般化が可能であること、すなわち、聞き取りをする比較的少数の人びとの態度が、選挙人口全体を反映すると主張できるかもしれないからだ。

代表サンプルがあったとしても、測定上の問題が残る。おそらくそのサンプルのなかで、たとえば基準年齢に達していないとか、市民ではないなどの理由で、投票の資格をもたない人の回答は無視すべきだろう。さらに、投票の資格はあっても、投票の登録をしていない回答者は無視すべきだろう。厳格な世論調査員であれば、さらにその先まで考える。彼らは回答者に対して、投票に行くか行かないか、前回の投票には行ったか、投票所がどこだか知っているかなどの質問をすることで、誰が投票する可能性が高いかを決定しようとする。どの回答者を調査結果の報告に含めようとするかによって、ジョーンズとスミスの支持率は上下する。しかも、まだ誰にするか決めていないとか、自分が誰に投票しようとあなたには関係ないと言って、答えることを拒否した人びとの回答についてはどうするかも決めなければならない。

すべての研究者がこうした問題に直面する。どんな測定も、何を測定すべきか（クラスの男女の数、ジョーンズ対スミスの支持率）、またそうした測定にどう取り組むか（人数を数えるかクラス名簿を調べるか、どの回答者を調査に含むべきかを選ぶなど）の両方を決める必要がある。これらの選択は調査結果に影響を及ぼす。つまり、批判的な人びとはその結果に疑問を抱き、それを非難するかもしれないということだ。あなたが選ぶ手法は必然的に、他の疑問を提起する。たとえば、測定しようとした日にたまたま学校を休んだ生徒がいたらどうするか、最近の選挙に投票しなかった回答者をどのように考えるかといった疑問だ。それは、選択肢が多ければ多いほど批判が増える可能性が高くなるということを意味する。

これはクリティカル・シンキングの基本原理、すなわち自分自身の推論、自分自身の選択をクリティカルに考えることが最も難しいということを思い起こす絶好の場である。これが、社会学を学ぶ学生は方法論（様々な測定方法の長所と短所について話し合う）と統計学（測定を評価するための手順に焦点をあてる）を必ず履修しなければならない理由だ。これらの科目は基本的に、より有効で、信頼でき、一般化可能な結果につながる、より良い測定を選択するための指針を与える。そして、ある人の選択が結果にどのように影響するかを理解することの重要性と、研究者および研究報告書を読む人びとの双方が、選択された測定についてクリティカルに考える必要性を強調する。

手法に関する授業ではさらに、研究者はこれらの選択をその研究報告書の一部として記載する義務があることを教わる。そうすれば報告書を読む人は、その研究者が、正確な結果を生み出した可能性が高いと思われる方法で測定を行ったかどうかを評価することができるからだ。たとえば、世論調査に関するニュース報告でさえ、その世論調査が実施された日付や、どの回答者を含めたか（登録済みの投票者？　可能性のある投票者？）、サンプルの回答者数、そしておそらくは質問の言い回しなどの基本的情報を与える可能性が高い。そうした情報は、世論調査の結果にどれほどの自信がもてるかを読者が判断するのに役立つ。

何が測定されているか？

すべての測定は妥協を伴う。どんな研究プロジェクトにも時間と経費がかかり、それが研究者の選択に実用的制約を与える。しかし研究者を悩ませる、それとは別の種類の妥協がある。研究対象になりそうなテーマ――たとえば犯罪を取り上げてみよう。私たちは皆、犯罪率が上がったとか下がったとかと、人びとが話しているのを耳にしたことがある。しかし、私たちはどのように犯罪を測定しているのだろうか？　答えは明らかなように思われる。FBIが統一犯罪報告プログラムに犯罪率のデータを公開しているではないか、と。それでも、そうした統計は完璧とは言い難い。*1　FBIはこれらのデータを、地域の法執行機関の「警察がすでに知っている犯罪」の報告から収集する。つまり、犯罪が起こっても誰もそれを通告しなければ、それは、地元警察がその犯罪について何一つ知らないということであり、彼らはこれをＦＢＩに報告することができず、したがって犯罪率に含めることができないということになる。きわめて多くの犯罪が、このように記録されないままとなっている。さらに、地元警察署が気づいた犯罪のうちのいくつかを報告し忘れていたといった、他の問題も数多く存在する。なぜか？　それは、実際より少なく報告することにより、管轄地域の犯罪率が実際よりも低いという印象を与えることができ、これにより、その地元警察署の印象が良くなるからである。したがってここでも、すべての管轄区域がＦＢＩに報告しているとは限らず、犯罪率がすべての犯罪を含んでいるとも限らない――等々、ということになる。言い換えれば、ＦＢＩが公開している犯罪率はきわめて不完全な測定ということだ。

こうした問題は、連邦政府が別の方法で犯罪を測定するきっかけとなった。全国犯罪被害者調査（ＮＣＶＳ）というものが司法統計局によって行われている。この調査では、多数の被験者に、最近犯罪被害に遭ったかどうか、その犯罪を警察に届けたかどうかを質問する。多くの場合、被害に遭ったと報告した人は、犯罪については報告しなかったと答えているため、ＮＣＶＳの被害率はＦＢＩの犯罪率より高くなっている。[*2]しかしここでも、収集された情報にギャップがある。ＮＣＶＳは数種類の犯罪についてしか尋ねておらず、回答者は被害を受けたと認めることを単純に拒否しているかもしれないし、もちろんＮＣＶＳは、生きている人に対して殺害されたかどうかを聞くことはできない。

それでも多くの研究者は、ＦＢＩかＮＣＶＳのデータを利用することを選択する。これらのデータは不完全かもしれないが、難なく手に入れることができ、犯罪学者はその限界を理解している。さらに、どうすれば研究者が、いままで以上に正確に犯罪を測定することができるかを想像するのは難しい。必然的に妥協することになる。手に入れることのできるデータはそれほどすばらしいものではないかもしれないが、それが、私たちが手にする最善のものなのだ。

これはきわめてありふれた問題である。社会学者はしばしば、犯罪などの抽象概念に関心を抱くが、それを直接測定する方法はない。たとえば、犯罪の恐怖に関する調査を考えてみよう。誰もが一度や二度、恐怖を体験したことがあり、誰もが犯罪を心配したことがあることは疑いようもない。多くの人が犯罪について非常に懸念していると主張し、これを「犯罪の恐怖」と名づけるまでは簡単だ。*3 しかしそれを**測定**することはできるだろうか？　一部の犯罪学者が提示する解決策は、調査を行うということだ。初期の多くの研究は、「このあたり――一マイル以内――に、夜一人で歩くのが怖いと感じる区域はあるか？」という質問への回答を基準にしていた。この質問は**犯罪**という言葉すら含んでいないことに留意してほしい。分析者は単純に、この質問にイエスと答えれば、それは回答者が犯罪の恐怖を経験していることを意味すると仮定したのだ。こうした間接的な測定に、私たちはどれほどの自信をもつべきだろうか？

測定を疑う

社会学者が尋ねる質問のなかで、測定が不完全であるというまさにその理由から、批判者はそれらの測定を常に疑うことができる。[*4] データ内の欠陥を単純に指摘すること以上に、こうした批判はしばしば、その研究者が行った測定の選択は、ある意味で研究結果を歪曲していると主張する。

国勢調査が良い例だろう。理論上、この調査はすべての人をカウントすることになっており、アメリカ国勢調査局は完全かつ正確なカウントをしようと努力している。ところが実際は、国勢調査から必ず漏れてしまう人がいて、カウントされない人びとはカウントされる人とは異なる傾向にある。特に、カウントされないのは貧困者や民族的マイノリティである場合が多い。国勢調査の結果は、各州が保持する衆議院の議席数を決定するだけでなく、様々な連邦政府プログラムのために各州に割り当てられる金額を決定するのにも利用されるため、実際より少なく数えられた場合の数が真の結果となる。つまり、国勢調査の数え漏れが多い州は、実際にすべての人がカウントされた場合よりも、獲得する議席数も、もらえる金額も少なくなる。国勢調査への不満は、それがすべての人を正確に数えるという理想に達していないという点だけでなく、実際より少なく数えることが、ある人には有利になり、ある人には不利になってしまうという点でもある。

同様の問題が、社会学者が測定の選択をする際の悩みの種となっている。この歪みは意図的であるとは限らない。つまり気付かれなかったり、軽視されたりする場合もあるということだ。また、これらの問題を解決するための簡単な方法もない。しかし、この問題に取り組む鍵となるものがクリティカル・シンキングと透明性にあるのだ。研究者は自分が行う選択と、それらの選択がもたらす影響について注意深く考えなければならない。彼らは自身の意思決定プロセスを、その背後にある理論的根拠も含めて説明する必要がある。そしてその情報を、そこでなされた選択を評価することのできる査読者や専門誌の編集者といった他者に提示する必要がある。

そしてここでも、社会学の社会的組織がこのプロセスに影響する。社会学の研究者は、ある特定の陣営に属する傾向があるため、彼らの研究はそうした陣営の活動の場で見られることが多く、この場所は、これらの陣営と密接に結びついた編集者や査読者によって監視されている。つまり、その研究者の基本的観点に好意的な人びとによって研究が判断されるということだ。したがって、このプロセスに関わるすべての人が、自分が評価しようとしている研究について、進んでクリティカルに考えることが特に重要なのである。これらの点については、後の章で検討する。

まとめ

・社会学者の特別な資質は、人びとが互いに与え合う影響に取り組む社会学的問いに限定される。
・経験的な問いは、証拠を集め、それを評価することによって答えることができる。
・すべての研究者は、証拠を集める際に、自分が使用する測定法を選択する。そしてこれらの選択は、彼らが発見するものに影響を及ぼす可能性がある。

第10章

比較は大事

Variables and Comparison

社会学者は自分が属する社会を分析しようとするインサイダーなので、彼らが当然のものと思っている文化や社会構造から距離をおき、一歩下がって客観的な見方をする努力をしなければならない。社会生活の様々な側面を比較することが、そうした距離を達成する重要なツールとなり、この比較によって、彼らはそこで何が起きているかに気づき、それを証明することができる。このように、比較は社会学的推論の中心にあるのだ。

こうした比較は様々な形をとりうる。最も基本的なところでは、社会学者は人びとのカテゴリーを比較する――男性と女性、若者と老人、金持ちと貧乏、それぞれ異なる民族性をもつ人びとなどだ。また、家族構成や制度的組織、宗教など、社会的取り決めの類型についても比較する。場所に焦点をあて、それぞれの地域や都市、はたまた国の社会生活を比較する者もいれば、時間に焦点をあて、一日の様々な時間に人びとがどのように行動するかということから、数世紀にわたる社会的変化を追跡することまでのすべてを見ようとする者もいる。そうした比較のロジックを理解するには、まず変数の性質について考える必要がある。

変数とは何か

一つ以上の値をもつことのできるものはすべて変数である。これらの値は分析者が選択する。たとえば、「身長」という変数は二つの値——高いと低い——、またはそれをインチやセンチメートル単位で測定した場合は、もっと多くの値に分割できる。因果関係の論証には少なくとも二つの変数が含まれる。原因が**独立変数**と呼ばれるのは、その値が結果の値から独立しているからである。独立変数は変化することによってある結果をもたらす。一方で、その結果が**従属変数**と呼ばれるのは、その値が原因の値に依存するからである。従属変数は測定されている値である。たとえば、照明のスイッチの上下位置（原因）は、電球が光っている（結果）かどうかに影響されない——つまり、そこから独立している。しかし、電球が光るかどうかは、スイッチを上下に動かしたかどうかに依存する。

簡単な議論を例に挙げよう。学生は勉強すればするほど成績が良くなる。ここでは、学生がどれだけ勉強したかが独立変数で、彼らがとった成績が従属変数だ。これを、（a）一時間以上勉強した学生と（b）一時間未満の学生を対象にした、二四点満点のスペリングテストの成績を比較することで検証してみる。表1はそこで得られる可能性のある結果を示している。これを見ると、独立変数の値——

勉強時間	1時間以上	1時間未満
平均点	17.9	14.4

表1　学生の勉強時間に基づくスペリングテストの平均点

音楽を聴いていた	勉強時間	
	1時間以上	1時間未満
いいえ	18.3	15.6
はい	16.2	12.8

表2　学生の勉強時間と、音楽を聴きながら勉強したかどうかに基づくスペリングテストの平均点

この場合、勉強時間の長さ――の違いが、その結果にどれほど影響するかは一目瞭然である。

従属変数――たとえば犯罪――の原因になるものを理解しようとする場合、あらゆる種類の独立変数を比較することができる。男性は女性より犯罪件数が多いか？　礼拝に参加する人は参加しない人よりも犯罪率が低いか？　都会の住民は郊外の住民より犯罪を犯しやすいか？　日中のほうが、または夜間のほうが、犯罪件数が多いか？　それぞれのケースで、独立変数の様々な値――性別、礼拝への参加、地域の特徴、一日の時間――の間で比較されている。

ところが、ここには第三の変数、すなわち**媒介変数**が存在する。媒介変数は、結果に対する原因の影響を変える。誰かが、私たちが行ったテストの点数の研究結果を受けて、音楽を聴きながら勉強することが独立変数（勉強時間）と従属変数（テストの点数）の関係にどれほどの影響を及ぼすかを調査したとしよう。表2はその結果を示している。この新しい研究は音楽を聴くこと――媒介変数――について、以下の四つの学生グループを比較することによって照査し

ている。（1）音楽を聴かずに一時間以上勉強した学生、（2）音楽を聴きながら一時間以上勉強した学生、（3）音楽を聴かずに一時間未満勉強した学生、（4）音楽を聴きながら一時間未満勉強した学生。この場合、独立変数と媒介変数の両方が比較の対象となる。ここで、勉強に費やす時間が長いほど、学生のスペリングテストの点数は高くなるが、どれほど勉強に時間を費やしても、音楽を聴きながらでは点数が低くなる傾向があることがわかる。

比較にまつわる問題

端的に言えば、社会学者は比較するのが仕事だ。彼らの比較の多くは、身近なカテゴリーの人びとの生活における違いを探究したものである。これにより、有益な比較をする際に付随する複雑さを簡単に取り繕うことができる。二つの根本的な問題を見てみよう。

最初の問題は方法論的なものである。第8章の測定に関する議論を思い出してみよう。各カテゴリーの人びとを比較するには、その人たちをあるカテゴリーと別のカテゴリーとに分けるために使用する基準を定義する必要がある。これが思った以上に厄介なのだ。たとえば、研究者は長い間、対象者に対して、男性か女性のどちらに該当するか――大多数の人が自分を定義する方法に適していると してきたカテゴリー――を尋ねることができると仮定してきたが、最近ではより幅広い選択肢から自分の性別を選ぶことができるアンケートを目にする機会が増えた。そしてもちろん、社会学者が利用する変数のほとんどが、性別よりもはるかにわかりづらい測定に関わるものなのだ。社会階級を例に挙げよう。これは収入（人が稼ぐ金額）を指しているのか？　それとも実際は財産（人が所有している価値）を指しているのか？　もしくは職業に関するものなのか（農家や法律家のなかには、たくさん稼ぐ人もいれば比較的稼ぎの少ない人もいることを思い出してほしい）？　はたまた、どれほどの教育を受けてきたかに関係しているのか？　こうした問いに対する答えは――満足できるものではないかもしれないが――「そうだな、まあ、そんなものかな……」である。ほとんどの社会学者が、階級は多方面にわたることを認識し、多くの人びとが、たとえば高水準の教育を受けてきたのに収入が比較的少ないなど、社会階級の境界にまたがっているように見えるということもわかっている。そうした変則的なケースがどれほど興味深いものであっても、社会学者はいざ調査を始めるとなると、その研究に含まれる階級の一人ひとりを、わざわざ分析するほどの時間はないのが普通だ。その代わりに彼らは、世帯収入や両親の学歴など、シンプルでにわか仕立ての基準を利用して、人びとを階級ごとに分類する傾向がある。

換言すれば、人びとを分類することは必然的に不完全で、疑問の対象になるということだ。これが第二の問題につながる。そしてこれら第二の問題は、理論――方法論の根底をなす推論――に関わってくる。通常、社会学の研究報告書は、それが社会学理論によって提起された問題に答えている――または少なくとも答えることに貢献している――と主張することによって、ある特定の比較の正当性を証明する段落から始まる。事実上、著者は、そのプロジェクトが読者の注目に値すると主張する。というのも、その比較は私たちが知りたいと思っているようなことを学ぶ手助けになるからだ。読者は常に著者に対して「それで？」と尋ねる権利がある。この調査は理論的に興味深い疑問を提起していると説明することは、そうした挑戦に取り組む一つの方法である。

様々な比較による研究結果

研究者の期待値を二つのグループ――その比較が相違を示すという予測と示さないという予測――に分類し、そのそれぞれを研究結果――相違を示すものと示さないもの――に基づいて分割した四つのセルから成る表を想像してみよう（表3を参照）。この表の四つのセルは研究の成果を表している。Aとラベルされたセルでは、研究者はなんらかの比較が相違を明らかにするであろうこと、そしてその相違が発見されることを予測した。研究者にとって、これは理想的な状況だ。社会学の専門誌は、著者が理論を発展させ、なんらかの比較を通じて検証することのできる仮説を引き出し、その後、結果を報告して、その結果が仮定したとおりだったことを証明するような論文であふれている。この結果が有望であるように見えるのは、それが、著者の理論は正しく、この理論はさらに詳しく探究する価値があるということを示唆しているからだ。

Bのセルは重要だろう。これは、相違はあるだろうが、結果がそれを証明するものになっていないと社会学者が予測するようなケースだ。これは、社会学者の推論が正しくない可能性があること、世の中は研究者が思ったようには作用しないこと、またはもしかしたらその仮説の背後にある理論が間違っていることなどを示唆している。実際のところ、このようなネガティブな結果は重要である。なぜなら、それらはある理論が正しく予測できなかったということを明らかにしているからである。し

実際の結果	研究者の仮説	
	相違が予測される	相違が予測されない
相違を示す	A	D
相違を示さない	B	C

表3　研究者の期待値と考えられる結果

かし、分析者は通常、自分の推論が適切だと信じることに関心をもっているため、この研究がその予測を裏付けられなかったというだけの理由で、みずからの理論を破棄しようとはしないかもしれない。その代わり彼らは、他の可能な解釈を支持する可能性がある。もしかしたら、その社会学者は研究計画をうまく行わなかったために、理論の予測を適切に検証できなかったのかもしれない。たとえば、より洗練された統計的検定など、もっと優れた分析技法があれば、その理論の予測に近い結果を導くことができたかもしれない。また、理論はおおむね正しいけれど、この研究結果を補うには修正が必要なのかもしれない。言い換えれば、確証のない予測に出くわすと、理論をとりあえず信じておこうとする傾向があるということだ。

実際、タイプBのネガティブな結果は出版に至りにくい。専門誌の編集者は、理論的仮説を確証するタイプAの研究は喜んで受け入れるが、ネガティブな結果の場合、その理論ではなく、研究者のほうが非難される傾向がある。この人は何か間違ったことをしてしまった可能性が高いと、批判者は疑うからだ。もちろん、ネガティブな結果を出した研究者が数名いた場合は、その理論のほうにどこか欠陥があるという考えがもっと支持される可能性はある。しかしさしあたり、実質的な証拠が別途示唆するまでは、理論は実行可能だと考えることに賛成するという慣性があるのだ。

専門誌の編集者がネガティブな結果を出版したがらないことは、実際的な結果をもたらす。新しい調合薬が既存の治療より効果があるかどうかを決定するために、それぞれ異なる一〇の研究が開始され、そのうち九つの研究で、新薬の性能が上回ることはなかったと仮定しよう。これらタイプBの研究は、おそらく出版されないだろう（特に、その新薬を開発した製薬会社が資金を提供していて、期待はずれの結果を報告することにほとんど関心がないような場合）[*1]。一方で、新薬は効果があることを示すただ一つのタイプAの研究は出版にこぎつける。そしてそれが、この件に関する唯一の公表された言葉となる。そしてこの言葉、すなわち新薬の優位性を裏付ける言葉が、その主題に関する科学的文献を探し求めている人の目に留まるのだ。

表の右側にあるセルは、いくぶん異なる問題を提起している。一つには、ある比較において相違が明らかにならないだろうと予測することは、比較的まれなことだ（そしてそれほど興味深くもない）ということだ。Cのセルのパターンがあまり一般的ではないのは、通常、比較が何の相違も示さないとの予測が興味深いと主張するのは難しいからである。ところが社会学者はときに、そうした主張を利用して、一般に抱かれているが潜在的には誤っているような認識に異議を唱えることがある。たとえば、ある民族グループは他より犯罪を犯しやすいという広く普及した固定観念を想像してみよう。社会学者は、民族性と犯罪との間の明らかな関係は見せかけのものかもしれず、実際に、犯罪者になる可能性に影響するのは社会階級の違いであると主張し、犯罪と民族性との間の明らかな相関関係は、社会階級の統制を行えば消滅するのではないかと予測するかもしれない。そしてそれをもとに、民族性には何の違いもないと予測する可能性もある――つまり、どちらの民族グループにおいても、裕福ではないメンバーの犯罪率が高く、裕福なメンバーが犯罪者になる確率は低い、ということだ。そのような場合、民族性の間には違いが見られず、社会階級間のみに相違が見られるという発見は興味深いものになるだろう。そして社会学者の予測に沿っているとして、編集者はこれが出版に値することを証明するのだ。

四つ目のセルDはさらに厄介だ。これらは相違が期待されておらず、にもかかわらず相違が見られるような場合である。前述のように、相違なしという予測はしばしば、従来の考え方への反論に利用される。しかし、相違なしという研究者の予測と相反するタイプDの結果は、タイプBの結果への反応と似たような反応を引き出す。つまり、その予測には欠陥があり、結論が出ない可能性があるということだ。

先に述べたように、研究者――およびその研究をレビューする人びと――は、みずからの研究の実際の結果よりも理論的推論に力を注ぐ傾向がある。理論は枠組み、すなわち、多数の観察を理解するためのツールを提供する。期待外れの研究結果という不要なものと一緒に価値ある理論を捨てることには、当然抵抗がある。そればかりか、理論的観点は社会学の内部に重要な知的陣営の基盤を形成するのだ。理論の予測が確証できない研究結果に直面すると、陣営メンバーの多くは理論を破綻させないように、問題のある結果をごまかそうとする可能性が高い。

再現性の重要性

私たちは調査というものを、一回の、決め手となる研究という観点から考えがちだ。つまり、劇的な結果を生み出す重要な実験を誰かが設計しているのだ、と。科学の飛躍的進歩を扱うメディア報道が、この印象を助長している。

実際、科学はこれよりもゆっくりと進化している。懐疑論者なら、研究結果に異を唱え、研究を再現するよう主張するかもしれない。再現性の基本的な考え方は、同じステップを繰り返せば同じ結果が得られるはずだ、ということである。たとえば、透明な二種類の化学溶液を同量ずつ混ぜると、混合液は必ず青色になるというようなものだ。結果が異なる場合、何か別のことが起こっているに違いないと知り、それが何であるかを解明する必要があるだろう。徹底した調査を行うには時間がかかる。ニュースメディアが劇的な科学的進歩を報じるときに、私たちが懐疑的にならなければならないのはそのためである。結果が確実に再現されるまで、どんな発見も暫定的なものとみなすべきなのだ。研究報告書はチェック、評価、そして理想的には再現する必要がある。

実際、社会科学の研究を再現するのは難しい。よく知られた例を挙げると、選挙の世論調査が異なる結果になったとき、コメンテーターが欲求不満を示すのはめずらしいことではない。彼らはこう尋ねる。第一の世論調査ではジョーンズ候補が優勢だったのに、第二の世論調査ではスミス候補がリードしているというのはどういうことなのか、と。私たちはすでに第8章の測定に関する議論から、こうしたことが起こりうる数多くの理由を学んでいる。たとえば、世論調査が異なれば、回答者の種類も異なるかもしれない。第一の世論調査には、選挙登録をしていない人を含むすべての成人回答者が含まれているが、第二の調査は選挙登録している回答者だけがカウントされているかもしれない。第三の調査は世論調査員が投票する可能性が高いと定義した人（きっと投票に行くと言っている人や、いつも選挙のときは投票に行く人など）だけが含まれているかもしれない。もしくは世論調査員は質問内容を異なる方法で言語化しているかもしれないし、異なる日に世論調査を実施したかもしれない。そしてもちろん、すべての世論調査はサンプルなのだ。それらはより多くの有権者の考えを正確に代弁することが意図されているが、統計理論は、サンプル間の結果にはばらつきがあると予測しなければならないことを教えてくれる。これはすべて、社会科学における再現の結果は、常に青色になる化学溶液の組み合わせほど明確なものにはならないことを意味する。

さらに、社会学の研究は、どの候補者が来たる選挙でリードするかといったような単純明快な質問をすることはめったにない。通常は、社会学者が行う比較に影響を及ぼすような、ありとあらゆる媒介変数を想像することができるし、鍵となる媒介変数——結果に劇的に影響を及ぼす可能性のあるもの——が無視されていると批判者が示唆する可能性も高い。

定性的研究者にとっての比較

これまで私たちは、通常、定量的分析（仮説、独立変数および媒介変数など）と関連のある、かなり伝統的な種類の社会科学的推論について考察してきた。だが定性的研究についてはどうだろうか？

オースティンは二年の年月をかけて、病院の緊急救命室（ＥＲ）のスタッフはどのように交通事故の被害者に対応するかについて観測してきたとしよう。なぜこれを行うのか？　もしかしたら彼は、急を要する、プレッシャーの大きい、リスクの高い決断が当然とされているＥＲの仕事を、よりルーティン化した仕事と比較することに興味があるのかもしれない。または、他の多くの診療所がオープンしている平日の日中のシフトから、医療的処置を必要とする多くの人がＥＲに姿を見せる週末の夜にかけて、ＥＲの仕事がどのように変化するかということに焦点をあてている――つまり、ＥＲのスタッフのシフトにおける相違を比較しているのかもしれない。またはもしかしたら、大都市のＥＲと田舎のコミュニティにあるＥＲとの間の違いに興味があるのかもしれない。

他にも多くの可能性があるが、オースティンがどれを選ぼうと、彼は明示的または暗示的な比較をする可能性が高い。オースティンの研究を読もうとしている人なら、誰もがこう尋ねるだろう。「なぜ自分は、人生のこれほど多くの時間を費やして、ＥＲで働く人びとについて読まなければいけないのか？」結局、オースティンが観察しようと決めることのできる設定は数え切れないほどある。ではなぜこれを選ぶのか？　最初は、こうした疑問への答えが常に比較的な思考に関わるということが、あまりわからないかもしれない。多くの場合、定性的研究を行う者は、定量的研究をする社会学者よりも、明確な感覚をもたずに研究を始める。結局のところ、定量的研究の第一のステップは、調査者が明らかにしようとする関係性を定義することである。一方、定性的研究には探究と発見が含まれる場合がある。定性的研究者の方法論の説明は、自分が何に焦点をあてようとしているのか、最初は明確ではなかったが、いったん観察を始めると、その設定のなんらかの側面が興味深いと考えている自分に気づいた、ということを認めているものが多い。これが鍵となるステップだ。つまり、まず自分にとって興味深いと思えるものを認識し、次に、なぜ他の人びともそれに興味をもつのかを理解するということだ。

定性的研究者にとって、比較は多くの実例がある場合に最も有力になる。数多くの定性的研究には一人の研究者が関わり、その人がある現場を観察したり聞き取り調査を行ったりする。そのような研究に対する明らかな批判は、そうした現場や聞き取りをした人びとは典型的ではないかもしれない、というものだ。これに対処する方法の一つは、ある特定の行動や一連の状況が繰り返し起こることを示すことである。「私は人びとがYをしているのを数え切れないほど目撃した」とか、「私が話をした人の何人かはZと言っていた」などだ。

明らかに似通った観察や聞き取り調査のなかからパターンを見つけ出すことも効果的だ。たとえば、研究者がある特定の種類の人（これをタイプXと呼ぶ）をある一定の状況のなかで見たときは、対象者は常に似たような行動をとっていたけれど、同じ状況にいる他の種類の人びととは異なる行動をとっていたと想像してみよう。研究者は、その行動はタイプXの人びとと関連があるのではないかと思うだろう。

あるいは、研究者は明らかに異なる観察や聞き取り調査の範囲内で類似点を探そうとするかもしれない。タイプXの人びとが、あらゆる種類のまったく異なる状況のなかで、ある独特の方法で行動している姿が見られたとすると、これもまた、そうした行動がタイプXの特徴であることを示唆していることになる、等々。結局のところ、定性的研究は、なんらかのパターンが存在することを十分に証明できるような、かなりの数の比較をまとめて整理することに依存している。[*2]

比較を疑う

第8章では、すべての研究者が、何を測定するか、そうした測定をどのように行うかという選択をしていることを述べた。同様に、すべての研究者は自分が行う比較を選んでいるが、測定と同様、そうした比較も批判の対象になる。

理想を言えば、比較は何かを明らかにするものであるべきだ。それらは私たちが世の中のパターン――たくさん勉強すれば成績が良くなる、スミス候補のサポートはこの投票者グループに集中しているなど――を特定し、理解する手助けとなるべきである。ERで働く人はこれらの方法で、自分の業務のストレスに対処している。効果的な比較は、社会学者の解釈が影響力をもつことを読者に納得させる。

比較が批判されるとき、その責任はしばしば、研究者の選択が誤った方向に導かれていたことにある。たとえば定量的分析を批判する人は、研究者が補足となるような批判的な媒介変数を考慮に入れなかったと主張するかもしれない。また、たばこ業界は長い間、喫煙とがんは関係性があると思われると主張してきたが、真の元凶は、実はアルコールであり、コーヒーであり……など、挙げればきりがない。または現代社会学において、批判者はときどき、人種やジェンダーが、明らかな研究結果にどのような影響を及ぼした可能性があるかを社会学の分析者は考えてこなかったと主張する。また、分析者は異なる方法論的設計や、もっと洗練された統計的検定を選ぶべきだったのではないかといった、定量的比較に関するより専門的な批判もある。

定性的研究を批判する人は、適切な比較が見過ごされてきたとも主張する。彼らは観察に選ばれた設定や、聞き取り調査に選ばれた人びとが、どことなく典型的ではなかったとか、見聞きしたものを研究者が誤解したなどと主張するかもしれない。定性的研究が特に証拠の批判に脆弱なのは、たいてい、そうした研究を再現するのが不可能だからである。どんな再現も必然的に、異なる時期の異なる研究対象を取り扱うことになる。同じ対象にアプローチすることが可能な場合でさえ、単にその研究対象になった経験があるというだけのことであって、これらの対象者自身はおそらく異なる。

すべての研究は比較という考えに根付いており、すべての比較は選択を反映している。つまり、あらゆる比較は批判することができるということだ。これを避ける方法はない。研究者はみずからの選択を説明し、その証拠を提示することしかできないのである。

まとめ

- 因果関係の論証には、独立変数と媒介変数の値の比較が必要となる。
- 研究結果が研究者の期待と合致しているかどうかが、その結果への反応に影響する。
- 再現は社会科学では難しい。
- すべての比較は疑問に付される可能性のある選択を反映している。

第11章

Tendencies

社会現象の「傾向」の捉え方

前章は、社会学者が人びとのカテゴリーを比較する観察から始まり、比較のロジックを検証することへと続いた。本章では、人びとのカテゴリーの内部およびそのカテゴリー間に現れるパターンを理解するとはどういうことかを考える。社会学的な思考はあらゆる種類のカテゴリーに属する人びとを比較する。男性と女性、白人と黒人、若者と老人、カリフォルニア市民とテキサス市民、一九世紀の人びとと二一世紀の人びと、等々、その可能性は無限だ。

傾向をどのように理解するか

社会学者がみずからの比較結果を報告するとき、彼らはほぼ決まって、それらを傾向という観点かる、または考えるグループBの人びとより何らかの方法で行動する、または考える可能性が高い（または低い）傾向がある、というように。

これが何を意味するかを理解することが重要だ。物理科学者はときに、常に真であるものごとを説明することができる。酸素原子には八つの陽子があるとか、これら二つの透明な液体を混ぜると必ず青色になる、といったことだ。しかし彼らでさえ、自分がある傾向について話しているのに気づくことが往々にしてある。たとえば私たちは、喫煙は肺がんを引き起こすということには膨大な証拠があることを知っている。しかし、これもやはり一つの傾向なのだ。それは、あらゆるすべての喫煙者がこの病気になるということを意味しているのではない。事実、肺がんになるのは喫煙者のほんの一部だけだ。にもかかわらず、喫煙者は非喫煙者よりも肺がんになる確率は高く、この病気に罹患する人びとの大多数が現在喫煙者である、または元喫煙者だったのだ。これが、ルーシーが肺がんだと知ったときに、私たちが真っ先にこう尋ねる理由である、「彼女はスモーカーだったのか？」と。しかしもちろん、答えがノーのときもある。結局、非喫煙者でもこの病気にかかることはある。喫煙者が肺がんになる傾向を特定することは、すべての喫煙者が肺がんになるということも、肺がんを患うすべての人が喫煙の経験があるということも、どちらも意味してはいない。

傾向を理解するには確率論的に考える必要がある。ここで古典的な例として挙げられるのが、コイン投げやサイコロ投げ、トランプ配りなど、運が左右するゲームだ。これらは理解しやすい。ほぼ偏りない一枚のコインを投げると、表が出る確率は五〇％だ。二枚のコインを投げれば、両方とも表になる確率は二五％になる。これは、最初のコインが表になる確率が五〇％で、その五〇％のなかで二枚目のコインも表になるということだからだ（0.5×0.5=0.25）。ほぼ偏りのない六面のサイコロを一つ投げると、1が出る確率は六分の一（一六・六七％）、二個のサイコロを投げると、両方1が出る確率は二・七八％（0.1667×0.1667=0.0278）、つまり三六回に一回の確率となる。これらはきれいな有界の例である。すなわち、サイコロにおいて重要なのは、振るたびにランダムな結果が生まれることだが、何度も振っているうちに明確なパターンが生まれるということを私たちは知っているということだ。たとえば、平均して、二つのサイコロを三六回振ると、足して2になるのは一回だけだが、なんらかの組み合わせで足して7になる（1+6, 2+5, 3+4）のは、全部で六回だと予測することができる。

確率論的な考え方を人びとの生活パターンに応用することは可能だが、社会生活はそれほどきれいに有界になるとは限らないことは皆知っている。その比較的わかりやすい例が保険だ。保険会社は交通事故や火災、死亡など、不幸な出来事が起こる確率を計算する保険計理士を雇い、その確率をもとに保険料を決める。ほとんどのドライバーが今後一年以内に損害の大きい事故を起こすことはないだろうが、起こす人もいる。保険会社はその賭けを喜んで引き受ける。保険料を支払えば、万が一損害の大きい事故を起こしたときにそれを返済すると約束する。保険計理士は、それほど高齢ではない経験豊富なドライバーや、違反チケットをあまり切られたことがないようなドライバーは、事故に巻き込まれる可能性が低いことを知っているため、保険会社はこうしたリスクの低いドライバーには高い保険料を課さない。アメリカには数億人のドライバーがいるため、保険計理士には研究に利用できるデータが山ほどある。正確にどのドライバーが今年事故を起こすかを知ることはできないが、ザビエルは今年事故を起こさなかったけれど、ワンダは起こしたと知っても驚くことはない。要するに、彼らは一般的なパターン――事故の総数は何件になるか――についてかなり精通しており、だからこそ、適切な保険料を計算することができるのだ。これは、サイコロゲームのそれぞれ異なる結果のオッズを知っているカジノや、長い目で見て利益が出るような保険をかけるペイオフ構造の設定とほとんど変わりはない――ただし、保険計理士が計算する確率は、運が左右するゲームのオッズほど正確ではないが。

事実上、社会学者が研究を行い、パターンを特定するとき（たとえば、このカテゴリーの人びとは他のカテゴリーよりもXをする可能性が高い、など）、彼らはカジノや保険計理士の計算のもとになるような、非常に大ざっぱなデータを生成している。保険計理士はそのデータの様々な情報源――たとえば交通事故の警察への届け出や、過去の保険請求記録など――を利用して、今後一年以内でどれくらいの事故が起こるかを予測することができることに留意してほしい。社会学者は通常、これよりずっと少ないデータ――多くの場合、自分自身で集めたデータだけ――で研究を行うため、彼らの見積もりはどれも、保険計理士の予測よりずっと大ざっぱなものになる可能性が高い。

しかし、保険計理士が自分のデータを使って交通事故数を予測し、それが合理的な保険料の計算の基盤になるのと同じように、社会学者も自分で発見したことを利用して、社会生活におけるパターンについて一般化するのだ。確かに、彼らは自信をもって、サラがどのように行動するかを正確に予測することはできないが、サラが属するカテゴリーの人びとの行動をもとに、あるパターンを説明することはできる。

だからこそ社会学者は、エピソードでもって彼らの発見を疑う人びとに苛立つのだ。たとえば、高齢者は政治的に保守的な考えをもつ傾向があるということを、研究で示している社会学者がいるとしよう。それに対してポールはこう言う。「そうとも言えないね。僕の祖父母はとてもリベラルだ」と。この社会学者がすべての高齢者は保守的だと言ったとしたら、これは有効な批判となるだろう。この場合、矛盾する例を一つでも探せば、このクレイムへの反論としては十分だ。しかし高齢者は保守的になるという**傾向**を特定するとき、この社会学者は、高齢者のなかにもリベラル派はいるということを認めている。この特定の高齢者がリベラルであるということを発見したところで、それがこの社会学者の主張を台無しにしないのは、ザビエルが交通事故を起こさないということが、衝突の総数に関する保険計理士の予測を正しくないものにしないのと同じことである。

社会学者がみずからの発見を強調しようとするとき、前章で論じたように、彼らはしばしば媒介変数の効果を探し求める。先の社会学者は、社会階級が高齢者の政治的信念に違いを生み出しているかどうかを確認した上で、実際に、社会階級の高い高齢者は階級の低い高齢者より保守的になる可能性が高いという発見に至ったのかもしれない、等々。つまり、決定しようとするパターンについて、より特定的になることは可能だが、それでも、これらの発見は傾向という観点から表現されるということである。

生態学的誤謬とは何か

カテゴリーと傾向に関する混乱は、社会学者が**生態学的誤謬**と呼ぶもののなかで、より複雑な形をとる。*[1] ここでの基本的な考え方は、社会学者が比較するカテゴリーはそれぞれ異なる行動をする個人から構成されているということだ。社会学者があるカテゴリーの測定を報告するとき、これらの測定は、その個々人すべてには合致しない傾向を説明している。あるカテゴリーに関する傾向が、そのカテゴリー内の個人を説明すると仮定するのは間違いである。たとえば、アメリカの州を大卒者のパーセンテージに基づいてランキングしたデータがインターネットに掲載されていることがある。*[2] これらは、学歴に関する質問が含まれるアメリカン・コミュニティ・サーベイ（アメリカ国勢調査局が行う大規模な調査）のデータである。二〇一七年、マサチューセッツ州は少なくとも四年制大学の学位を修了した成人のパーセンテージが最も高かった（四三・四％）一方で、ウエストバージニア州は最も低かった（二〇・二％）。この例では、二つのカテゴリー（州）のパーセンテージ（大卒者）間で比較が行われている。

生態学的誤謬には、以下のような種類の推論が含まれる。

ウエストバージニア州では、大学の学位を取得している人が比較的少ない。
ジャックはウエストバージニア州に住んでいる。
したがってジャックは大学の学位を修了していない。

問題は、これが、あるカテゴリーの測定を、そのカテゴリーの個々のメンバーに関するなんらかの特徴を決定するのに使用することができると仮定していることである。次のように言い換えると問題ははっきりする。ジャックは大学を修了しているかもしれないし、修了していないかもしれない。大卒者が比較的少ない州に住んでいるからといって、それだけでは彼が大学を修了していないと結論づけることはできない、と。

これは次のような表現とは異なることに着目してほしい。

ウエストバージニア大学（WVU）の社会学の教授は全員、大学の学位をもっている。
ジルはWVUの社会学教授だ。
したがってジルは大学を修了している。

あるカテゴリーのすべてのメンバーがなんらかの特徴を共有している場合、私たちは、そのカテゴリーのそれぞれのメンバーがその特徴をもっていると、差し支えなく結論づけることができる。しかし、社会学者はそうした絶対的なもの――あるカテゴリーの誰もが（または一人も）ある特徴をもっている（またはもっていない）ような事例――を取り扱うことはめったにない。実際、社会学者は傾向を取り扱うのだ。

生態学的誤謬の型は、社会学者が平均という観点からあるカテゴリーの傾向を報告するときにも発生する。たとえば（1）ある地域の平均世帯収入は六万ドルで、（2）ティムはその地域に住んでいるとしよう。これら二つの事実を知ったからといって、ティムの世帯収入について結論を出すことはできない――平均より高いかもしれないし、低いかもしれないし、ちょうど平均くらいかもしれない。

これらの例は自明のことのように見えるかもしれないが、カテゴリー内の二つの傾向におけるターンを調べるとき、容易に生態学的誤謬に陥ってしまう。二〇一七年にマサチューセッツ州が大卒者のパーセンテージで最高値を記録し、ウエストバージニア州が最低値だったことを思い出してみよう。そしてもう一つの変数――ヘイトクライムの報告数など――を見るとしよう。二〇一七年、マサチューセッツ州では四二七件のヘイトクライムが報告されたが、ウエストバージニア州は三一件の報告しかなかった。*3 ヘイトクライムの統計は不正確だということで悪名高いため、FBIはこれらの報告に基づいて犯罪率を計算することはない。しかしもし計算したとすれば、マサチューセッツ州では一〇万人あたり六・四件の報告があり、ウエストバージニア州ではわずか一・九件ということになるだろう。したがって、マサチューセッツ州は大卒者についても、報告されたヘイトクライムの件数についても、ウエストバージニア州より多いということがわかる。

生態学的誤謬はどのような形式をとるのだろうか？ 誰かが私たちのデータを見て、「へえ、大卒者が多いほどヘイトクライムも多いのか。大卒者というのはヘイトクライムを犯すような人間に違いない」と言ったとしよう。言い換えれば、私たちはここでもカテゴリーに関するデータ（大卒者のパーセンテージ、報告されたヘイトクライムの件数）を使って、そのカテゴリーに属する個々人について結論（ヘイトクライムは大卒者によって行われているに違いない）を導き出しているのだ。

なぜこれが間違った結論であるかはすぐにわかるだろう。ヘイトクライム法の施行は、州によっても管轄区域によっても大きく異なる。州によってヘイトクライムの定義の仕方は異なるし、法執行機関がどれくらい積極的にこうした法令を施行するかも異なる。たとえば二〇一七年、七つの州――アラバマ、アラスカ、アーカンソー、ミシシッピ、ネバダ、ニューメキシコ、ワイオミング――はいずれも、ヘイトクライムの報告件数が一〇件に満たなかった。一般に、リベラルな州ほどヘイトクライム法が広く行き渡っており、リベラルな管轄区域の検察官ほど、ヘイトクライムで告発するのを厭わない傾向がある。マサチューセッツ州は、教育レベルの高い人びととリベラルな政府の両方を備えている。つまりこの州で報告されたヘイトクライムの率が高いということは、同州のヘイトクライムの実際の発生率を物語っているというよりも、ヘイトクライム法が施行されている政治的環境について、より多くを語っているということだ。

生態学的誤謬は人を引きつける力をもつ。特にその推論が、分析者が信じたくなるような結論を裏付けるように見えるときだ。一見すると、そのロジックは理にかなっているように見えるため、数多くの名高い初期の（つまり第二次世界大戦前の）社会学者でも、問題を十分に理解する前にこの誤謬に陥っていた。個人の行動を説明するためにカテゴリーに関するデータを使おうとするときはどんな場合でも、留意すべき点は残っているのだ。

社会学的説明の注意点

通常、社会学者が特定する傾向は特に有力というわけではない。彼らが研究する変数が、なんらかの結果のまさに原因として取り扱われることはめったにないのだ。たとえば、幼少時代と青年時代を、結婚した両親がいる世帯で暮らした人は、そうではない世帯で育った人よりも大学を修了する可能性が高いという知識は一つの傾向である。しかしここには多くの例外がある。たとえば学校を中退した両親の世帯で育った人もいれば、学業に秀でた片親の世帯で育った人もいるだろう。

多くの場合、社会学者は統計を使って、自分が特定する傾向の強さを示す。たとえば彼らは、被説明変数の測定を提供する場合がある。被説明変数とは、基本的には結果における差の割合で、その研究が特定した傾向だけを知ることで説明できる。たとえば、家族世帯の類型が学歴に影響を及ぼす傾向があるということを知るだけで、ある個人が大学を修了する可能性の何%を説明することができるか？　ここでも、統計的に有意なものとして報告できる結果があるからといって、報告された傾向が、特にそうした生活を送る人びとに見られるということを意味するとは限らない。社会学者が出した結果が、その変数のほんの一〇%程度しか説明していないとしても、めずらしいことではない。

ここで危険なのは、研究者が――この場合、家族世帯が学業的成功の原因になるということを立証したということをさりげなく告知するために――みずからの研究結果の重要性を誇張している可能性があるということだ。そうした大胆な表現も、社会学者が傾向を説明しているという事実を曖昧にする。

傾向を考えることの重要性

傾向や確率という観点から考えることは、推論の有力な方法であるが、欲求不満を感じる方法でもある。その力は、一見したところ明らかではないようなプロセス――喫煙は、たとえ喫煙者のなかには病気にならない人がいるとしても、健康上のリスクを有意に高めるという認識など――に気づき、それを説明する能力から得られる。ところが、この欲求不満は、何かがなんらかの結果のまさに原因であると、社会学者はめったに言うことができないという認識から起こる。だからこそ、媒介変数の影響を探究することが、社会学的推論においてきわめて重要なのである。

まとめ

・社会学者は人びとのカテゴリーを比較するとき、傾向を特定する。
・あるカテゴリー内の傾向を知るだけでは、そのカテゴリーの個々のメンバーに関する結論を引き出すには不十分である。

第12章

Evidence

証拠を吟味する

研究者の選択は、測定や比較だけに留まらない。研究者は、いったん証拠――クラスの男子生徒と女子生徒の数をすばやく集計することから、緊急救命室で行った何年にもわたる観察から得られた実地調査記録を評価することまで――を収集し、分析すると、今度はその結果を提示することが必要になる。これは、たとえば「教室を見渡して、X人の男子生徒とY人の女子生徒を数えた」というように、シンプルでわかりやすいものにもなりうる。しかし、ほとんどの研究はこれよりもずっと複雑だ。第一に、研究はしばしば、結果として報告されるものよりも多くのデータを収集する必要がある。世論調査員は、調査を実施する際の負担のほとんどが、回答者を見つけ出し、彼らと連絡をとることにあるということを知っている。その結果、ある一つのサンプル集団に関する質問を一つだけするのでは割に合わないということになる。ところが、もう一つ質問を増やしても、またさらに多くの（迷惑になるほど質問が多すぎて、回答者が聞き取り調査を中断しようとする直前まで）質問をしても、その負担はほぼ変わらないのだ。たとえば、ほとんどの世論調査員はおそらく、回答者の性別、年齢、人種など、背景となる特徴から始め、その後、前回の選挙で投票したかどうかとか、次の選挙では投票するつもりかといった、他の実質的な質問をするだろう。有益と思われるデータはどんなものでも集めることが重要だ。後になって聞けばよかったと思っても、時すでに遅し、である。

こうしたすべての結果を収集したら、今度は何を報告するかを決めなければならない。世論調査の目的が、投票する可能性の高い有権者が次の選挙でジョーンズかスミスのどちらの候補者を支持するかを特定することであるならば、もちろんその情報だけを報告すればよい。しかしより多くの情報が手に入る限り、それを利用しない手はない。結果を検討したあと、女性の投票者と若い投票者がジョーンズを支持する可能性が高く、スミスは年配の男性の間で支持率が高いということがわかったとしよう。これは報告する価値があると思うだろう。

こうした選択の必要性がよりはっきりしたものになるのは、研究データが広範囲にわたる実地調査記録であったり、何百ページもあるような聞き取り調査の口述筆記の形式をとっていたりするような場合である。多くの定性的研究者は特別なソフトウェアを使って、自分のデータを念入りに調べたり、主題やパターンの特定に役立てたりする。しかしある時点で彼は、自分が行いたい特定の議論をもとに、どの証拠が関連があり、記述に値するかを決めなければならないのだ。

効果的な証拠とは何か

効果的な証拠は、他者が納得できるような方法で研究者の議論を裏付ける。社会学において、そうした議論は通常、人びとが互いにどのように影響し合うかのパターンを特定し、どんな人が関わり、そうした影響がどのように生じるかといった、特定の問題に焦点をあてることがある。証拠の役割は、その研究者の議論が正しいことを読者に納得させることだ。以下のいくつかの性質が、証拠を効果的なものにする。

・的を射ている

証拠は、最良の状態のときに研究者のクレイムに直接訴えかける。「私はそのクラスの男女の数を知っている。なぜなら実際に数えたからだ。そしてこれがそのデータだ」というように。これは、研究者が答えようとしていた問いに対する直接的な回答である。

残念ながら、ほとんどの研究はこれよりもっと複雑なテーマを取り扱う。ある研究者の問いは、たとえば警察の逮捕手続や標準検査など、ある特定の慣習が差別的かどうかといった、どこか抽象的な場合がある。これは見かけほど単純ではない。なんらかの慣習が差別的かどうかを決定するには、差別を定義し、それがどのように測定されるかを説明する必要がある。第9章で行った測定に関する議論を思い出してほしい。効果的な証拠は、研究対象となる問題に直接語りかけるものであり、そこで使用される測定は明確で的を射たものでなければならない。

・複数の測定値

一般に、証拠は少ないよりも多いほうがいい。測定の選択は常に疑問に付される可能性があるため、証拠は、それが一貫した結果を示す別の測定値を含む場合に、より説得力のあるものとなる。調査員はしばしば、関連するテーマに関して複数の、少しだけ異なる質問をする。これらの質問に対する回答が同じようなパターンを示している場合、その証拠は重みを増す。たとえば、様々な環境問題について問う調査があったとしよう。それぞれ異なる質問に対する若い回答者の答えが、年配の回答者の答えよりも高い関心度を示している場合、環境に対する関心は年齢と関係があると結論するのは不合理なことではないだろう。

・複数の事例

より多くの証拠を生み出すもう一つの方法は、複数の事例を研究することだ。これは、再現性の背後にある基本的な考え方である。つまり、ある研究で面白いことを発見し、その研究を繰り返し行うことで、同じ結果が得られることを確証したというような場合である。

社会学の研究では、複数の事例は多くの場合、比較の手段として研究に組み込まれる。つまり研究者は、二つ以上の学校、都市、期間、またはグループから得た結果を比較する。これらの比較が、比べられているカテゴリー間で似たような結果となる場合、これはその研究結果を強化することになるが、結果が異なる場合は、それを説明することで作業中のプロセスを明確にすることができる。

・理論またはその他の研究結果との一貫性

証拠は、幅広く受け入れられている理論や過去の研究結果を裏付けているように見える場合に、より有力なものとみなされる。つまり科学の歴史は、最初は抵抗に遭った様々な考えで溢れているということだ。なぜ抵抗を受けるかといえば、そうした考えは、一般的な、広く受け入れられている理論と相反していたからである。比較的最近の二つの例は、地球の大陸はかつて一つの陸塊であり、それが次第に分離していったという考え方、そして恐竜の絶滅は、地球に小惑星が衝突したことが原因だという考え方である。どちらの提言も、その突飛さから、初めは多くの科学者を驚かせたが、時が経つにつれ、様々な研究から得られた結果が新しい理論と合致していることが証明され、科学的地位を得るに至った。言い換えれば、既存の理論と合致する証拠は難なく受け入れられる傾向があるが、証拠が予期しない結論を指摘しているように見えると、その新しい考えを裏付けるものが次第に現れ、他の研究がその考え方を支持するようになっていく。

・説得力

効果的な証拠は、強く、人を納得させるような印象を生む。おそらくそうした研究は、明らかな批判のすべてを見越して計画されているように見えるため、よくある落とし穴を回避することができる。研究テーマが特に興味深いものであったり、人がこれまで考えたこともなかったような疑問を提起するものであったり、またそのテーマの研究方法が特に巧みであるように見えたりすることがある。また、提示されている証拠があまりに非の打ちどころがなく、疑問の余地がないように見えるかもしれない。こうした理由から、研究のなかには不釣り合いなほどのインパクトをもつものがあるのだ。

それほど効果的でない証拠

証拠はしかしながら、前記のそれぞれの基準を反映するような方法で、効果が薄れる場合もある。

・間接的

研究課題に直接的かつ完全に取り組んでいる場合、効果的な証拠は完璧であると言える一方で、効果的でない証拠は不完全な裏付けしか与えない。利用できる唯一の証拠が間接的なものである場合もある。たとえば、犯罪率が数世紀のうちにどのように変化したかを研究しようとする社会史家は、近代の警察部隊は一九世紀に登場したばかりで、ＦＢＩの統一犯罪報告書に示されているような現代の犯罪率が計算されるようになったのは、二〇世紀に入ってからだといった問題と対峙することになる。したがって、私たちが現在、犯罪率を計算するのに使用しているものと同等の犯罪記録は、それ以前には存在しなかったということである。一三世紀に遡る裁判所記録を見つけることは可能だが、これらは他のあらゆる種類の問題を提起する。そもそも多くの記録は残っていないのだが、ほとんどの犯罪は記録が保持されるような裁判には至らなかったということが大きな問題なのだ。一つの解決策としては、殺人に焦点をあてることだ。なぜなら殺人は多くの場合、裁判につながるため、記録が保持されるからである。[*1] その結果、犯罪歴史学者は、不完全な記録から算出された犯罪率の急変動は、一般的な犯罪率と並行して変化すると（必然的に）仮定することになる。

こうした妥協はしばしば避けられない。手に入る証拠だけで、私たちが関心をもつ問題に直接取り組むことはできないかもしれないからだ。このことがほとんど常に当てはまるのは、望んでいるデータが簡単には手に入らない過去と比較としようとするときだ。一方でこれは、たとえば研究対象となっている人が、私たちが本当に知りたいと思っていることを明かしたがらない場合のように、データを手に入れるのが難しいときにも常に当てはまる。

・単一の測定値

複数の測定値があれば、研究者の事例がより説得力のあるものになる可能性はあるが、ここでもやはり、必ずしもこれらが手に入るとは限らない。あるテーマに関する単一の調査項目に対する回答が、予想もしないような興味深い結果を示すこともあるかもしれない。あとから振り返って、研究者は、そのテーマについてもっと別の質問もすればよかったと思うかもしれないが、もちろん後の祭りである。単一の測定値は示唆に富む場合もあるが、さらなる研究が結果を裏付けない限り、人はそれを受け入れたがらないだろう。

・単一の事例

単一の事例から得た証拠は、あまり有力ではないものとみなされる傾向がある。たとえば、ある一つの地域における観察に基づいた研究は、必ず疑問視される。おそらくその研究結果はその地域にしか適用されず、一般化することはできないだろう。研究者は、その地域内の複数の事例を記録することによって議論を強化することもできるが、より有力な裏付けは、最終的に他の地域で得られた同様の研究結果を報告した別の研究者に依存することになる。証拠はいつでも、少ないよりも多いほうが良いのだ。

・理論や手法との不一致

前述のように、際立っているように見える研究結果や、理論またはその他の研究から得られた裏付けに欠ける研究結果は、疑問をもたれやすい。最終的にそれらが正しいということが証明されるかもしれないが、それはかなりの裏付けが得られてからの話だ。さらに、現代の研究文献は膨大で、多くの新しい報告書が毎週のように現れる。そのすべてに精通しようなどとは誰も思わない。したがってほとんどの人が、自分の陣営内で何が起きているかを、多少なりとも知っておけばよしとしてしまうが、これは、彼らが多くの場合、他の陣営で起きていることに無頓着であることを意味する。自分たちに関連しているかもしれないのに、異なる陣営の専門誌に掲載されているような研究は、本来なら得られるはずの影響力が得られない可能性がある。関連した話では、引用は見込み読者に対して、この論文は読者の関心事と関わりがあるということを伝える一つの方法であるため、他の陣営のメンバーによる研究を引用していない研究報告書は、その陣営の注目を得ることは決してないかもしれない。

・平凡

夥しい数の新しい研究が継続して世に出ているような世界では、ほとんどの研究が日の目を見ることはない。ありとあらゆる新しい本を常に追跡しようと思う社会学者はいないし、ましてやすべての雑誌に発表されたすべての論文となればなおさらだ。その結果、多くが途中で道に迷うことになる。人は予測可能で、面白みがなく、自分の関心事とは関係がないように見える研究は無視するだろう。社会学者にできるのはせいぜい、ほんのひと握りの専門誌だけを追跡し、あとは目次にざっと目を通すことぐらいだろう。一定の論文は簡単に見過ごされてしまうのだから、すぐれた研究でさえ、結局は大した印象も残せずに終わってしまうのである。

証拠の選択を疑う

測定と比較の選択と同様、証拠の取り扱いに関する研究者の選択も、批判の対象となりうる。ほとんどの場合、研究者は自分が発見したものを正直に報告していると想定される。ところがときに、人びとが証拠を疑い、存在しない原典を引用したり、原典が伝えていることを誤って解釈したり、また統計の計算を間違えたり、他人の研究を盗用したりしているとして誰かを責め立てたときに、スキャンダルが発生する。そうした抗議は注意深く言語化される傾向があり、その研究の著者には回答する機会が与えられる。自己弁明できない著者はたいてい、学者としての評判が総崩れとなることを知る。[*2]

幸いにもスキャンダルはめったに起こらない。それでも、証拠の選択を疑うことは、クリティカル・シンキングが社会学でとる最も一般的な形態だろう。証拠を取り扱う際に著者が行った選択を疑問に付すことは常に可能だ。定量的研究の批判はしばしば、異なる選択――たとえば異なる統計的手法を用いたり、さらなる変数を分析に組み入れたり――がいかに異なる解釈を導いた可能性があるかを示すことに焦点をあてている。批判者はときに、自分の分析を実行するため、研究データ（通常は電子ファイル形式）へのアクセスを要求することができる。また、元々の研究者が自発的に自身のデータをオンラインで利用できるようにし、他者が自分で検証を行えるようにする場合もある。こうすれば自分の研究結果に確信をもつことができる。

定性的研究の批判者もまた、証拠に焦点をあてることが多い。ほとんどの場合、再現は単純に考えて不可能であり、たとえ可能だとしても、それに必要な時間と金額を考えれば、そのコストは法外だ。いずれにせよ、批判の対象となった研究者は、自分の観察を正確に要約したと常に主張することができる。しかし批判者は、研究者らの解釈は、自分が発見するだろうと期待していたものから形成されたものだから、彼らは自分で観測したものを誤解している、と主張することもできる。

批判のもう一つの系統は倫理の問題である。社会学者は、自分の研究対象者が参加する実験のテーマを誤って伝えるなどして彼らをだますことは、倫理的か否かについて意見を異にする。社会学者はしばしば、たとえば研究対象地域の名称を変えたり（インディアナ州マンシーだったら「ミドルタウン」に、マサチューセッツ州ニューベリーポートだったら「ヤンキーシティ」に）、匿名を使ったりすることで、研究の背景を隠蔽しようと努める。それでも研究対象者は、自分たちの特性評価に対して不平を言う存在とされてきた。また彼らのなかには、研究プロジェクトに参加したことによって傷つけられたり、トラウマを抱えるまでになったりする人もいたかもしれないという懸念もある。こうしたことがきっかけで、他の専門機関のなかでも特にアメリカ社会学会は、たとえ大学側が研究者に対し、研究計画書を提出して大学のヒト被験者委員会からの承認を得ることを要請していても、その会員のために倫理規定を制定したのである。

研究の選択を疑う

どんな研究も、その根底においては、完璧でもなければ決定的でもない。研究者はみな、選択に迫られる。何を研究したいかの選択（研究課題と呼ばれることもある）、何を、どのように評価するかの選択、自分が生み出した証拠をどのように示し、解釈するかの選択などである。ほとんどの研究者は自分が下す選択は首尾一貫していることをはっきりと意識しており、多くの研究論文は、提示された研究結果を裏付けるため、いくぶん異なる選択に基づいたさらなる研究の要請で締め括られている。

社会科学系の大多数の研究者は、自分の研究結果を正直に報告していることは疑いようもない。改ざんされたり偽造されたりした結果が生じるケースは非常に珍しく、剽窃が報告されるようなケースもきわめてまれだ。こうしたことが発見される希少なケースは、多くの場合、スキャンダルとして広く公表され、そのニュースは学界をはるかに超えたところにまで広まる可能性がある。しかし、不正行為は研究を疑う一つの、比較的一般的ではない理由に過ぎない。

どんな研究者も選択に迫られた経験があり、少なくともそうした選択のなかには、研究結果に影響を与えた可能性のあるものもある。したがって、研究課題が異なる形で定式化されていた場合や、変数について他の定義や測定が選択されていたり、また分析が別の証拠に焦点をあてていたりした場合、批判者は常に、その結果が違うものになっていた可能性があることを示唆することができる。そして正当な人間であればいつでも、反論したり、疑問を提起したり、会話を始めたりすることができるのである。

そうした会話は、研究についてより深く考え、批判者が提起した疑問の解決に役立つ他の研究プロジェクトを考案するきっかけとなる。

まとめ

・証拠の提示に関する選択は避けられない。
・証拠は多少なりとも説得力があり、すべての証拠は潜在的に批判の対象となる。

第13章

自分自身を疑う

Echo Chambers

第2章では、クリティカル・シンキングの最大の挑戦は、自分自身の考えを正確に評価することだと指摘した。これはうなずける。自分と異なる見解を批判することは簡単だ。結局、そうした見解を誤りとみなす場合、そのように考えるなんらかの理由があるはずであり、それを私たちは説明できなければならない。しかし自分と同じ見解、正しいと自分でも信じている見解を批判することははるかに難しい。ある考えが有効だと確信しているとき、そのことをそこまでクリティカルに考えることはないだろうし、それを批判する努力すら疑うかもしれない。自分自身の考えには批判的になれないということの傾向は、社会科学の研究に実際にもたらされる結果なのである。

みずからの偏見《バイアス》を認識し対処する

研究者は、自分自身の考えに十分クリティカルになれない科学者は危険であることを、昔から認識してきた。たとえば、新しい薬物治療を発見した人は、当然それが患者を救うことを願う。治療自体を生み出したわけではないが、その効果を自身の患者で実験することを選んだ医者でさえ、期待をもってこの新しい発明を見る可能性が高い。そしてもちろん、患者のほうも、薬が自分を救ってくれることを願う。しかしその新薬は効くのか？（高い期待をもって）新薬に投資する人びとは、治験結果をポジティブに解釈し、それが効いたと報告する傾向がある。しかし、もしあなたが偽薬――有効成分を含まないため、効果がない可能性が高い薬――を導入したけれど、医者や患者には、これには期待できる新薬が含まれていると伝えた場合も、彼らは、この新しい治療法は実際に役立ったと報告する場合が多い。*1 効いてほしいという願いが、その治療法は効果があったと彼らに想像させるのだ。

研究者の期待は、社会科学の研究結果を歪めることもありうる。研究者が迷路にラットを走らせ、頭の良いラットほど迷路から早く抜け出せるという仮説をテストするという心理学実験を想像してみよう。研究者らは二つのグループのラットを使用する。第一のグループは一般的な年長のラット、第二のグループは知能が高くなるように選ばれて飼育されたラットが含まれているという説明を受ける。つまり、第二のグループのラットはまぎれもなく賢いラットの子孫というわけだ。結果は予想どおりだ。賢くなるように飼育されたラットは、ごく平凡な競争相手よりも早く迷路から抜け出した。ただしそこには問題が一つある。この二つのラットグループは遺伝学上同一のラット集団から選ばれたものだった。つまり片方のグループだけが、迷路を早く通り抜ける知能をもつように飼育されたというクレイムは嘘だったのだ。二つのラットグループは、同じ時間内で迷路を抜けるはずだったのだが、研究者がきっとこちらのほうが早いだろうと予想した、より賢いとされるグループのほうが、ごく一般的と思われていたラットよりも早く迷路から抜け出したのである。

これは、**実験者効果**と呼ばれるものの一例である。[*2] 実験者がある一定の結果を予想すると、その予想に沿った結果が得られる。どうしたらこんなことが起こるのか？ それには多くの理由があるだろう。たとえば、二匹のラットが迷路の出口に同じくらい近づき、あとひと息でゴールという瞬間を想定してみよう。実験者は、賢いとされているラットを、最初に迷路を抜けたとみなすに十分近いところまで来ている――あとわずかヒゲ一本分――と判断する可能性が高い一方で、それよりも頭が悪いとされているラットは、もうすぐゴールだが完全に抜け出したわけではないと判断される可能性が高い。これからどうなるかを知っているということが、実際に発見することに影響を与えうるということだ。

これは必ずしも、誰もが不正なことをしているとか、わざと自分の報告を改ざんしているということではないと認識することが重要だ。研究における不正行為に関するスキャンダルは実際、見出しを飾りはするものの、まれなことなのだ。[*3] ほとんどの研究者はまぎれもなく、自分は良心的だと思っている。しかし、ある結果を発見することへの期待が、その期待に合致するような判断を簡単にさせてしまう。偽薬や賢いとされているラットの実験は、研究対象――この場合、医者と患者、または迷路にラットを走らせる人びと――の予想を操作することにより、実験者効果を特定しつつ、その他すべてについては一貫性を保持するように設計されているのである。偽薬や賢いとされているラットがなぜより良い結果を生むのかの理由は、研究対象の予想が研究結果を形成していない限り、一つもないのだ。

確かに、人は実社会のあらゆる状況に、結果的に自分の人生に良い影響を及ぼすような期待をもち込む。おそらく、実験者効果の最もドラマチックな研究は担任の先生に関わるものだろう。まず、研究者は小学生の集団に知能テストを受けさせる。その後、テストを受けた生徒の約五分の一をランダムに選択し、彼らの先生に、この子たちの成績は、これから「知的開花」を迎える可能性が高く、今後一年間で劇的に向上することを示している、と伝える。[*4] その結果――次に何が起こるかもうおわかりだろう――、成績向上が期待されたグループは実際、先生にポジティブな期待を与えなかった生徒よりも成績がアップしたのだ。この研究は誰一人傷つけることがないよう意図されていたことに注目してほしい。実験者効果が現れる程度まで、数人の生徒を、他よりもできると先生に思わせることで救っただけである。とはいえ、これは厄介な結果である。人があらゆる社会的状況にもち込むすべての期待――人が自分をどう思っているかなど、他者に関する前提や固定観念――についてちょっと考えてみてほしい。こうした期待はどのような影響を及ぼすだろうか?

研究者の期待が自分の研究結果を形成するという傾向は、科学のすべての部門にとっての重大な問題で、適切に設計された研究プロジェクトなら、実験者効果を避けようとする。医療研究者はかつて、新しい前途有望な特効薬を試そうとする医者は、どの患者がそうした治療を受けるかがわかっている場合、その新薬は実際に既存の治療よりすぐれた効果があると判定することが多いことを発見した。また、自分が見込みのある薬による治療を受けていると知っている患者は、病状が回復に向かうというのも本当だ。これが、最善の医薬品臨床試験が**二重盲検**――ある患者が治験用の薬による治療を受けているかどうか、またその人が対照群の一員かどうかといったことを、患者も、治療を管理する医療専門家も、どちらも知らないという状況――である理由なのだ。

期待が発見に与える影響

研究者の期待がみずからの発見に影響を与える可能性があるということは、クリティカル・シンキングの最大の挑戦は、私たちがすでに信じている考えを疑うことだということを再び私たちに思い出させる。すべての科学者――特に社会科学者――は、みずからのクレイムを、自分とは異なるクレイムに彼らが適用している基準と少なくとも同じくらい厳格な基準によって、十分注意して判断する必要がある。

ほとんどの社会学的研究には形式的な実験が含まれていない。つまり社会学者は通常、より正確な研究結果を生み出すために、二重盲検法の研究条件に頼ることができない。これまで見てきたように、社会学的研究は一般に、研究者がなんらかの社会的プロセスや設定に興味をもつことから始まる。非常に多くのケースで、この関心は個人史的なものに根ざしている。調査員は自分が面白いと思ったもの、社会学的に説明がつくと考えられるものを経験したり観察したりしてきた可能性があり、このようにして彼らは一つの研究を考案している。もちろん、研究結果が報告される際は、この個人史的な話は重要視されず、ことによっては消滅する傾向がある。その代わり、研究報告では感情に左右されない言語を用い、注意深い、科学的調査を通じて取り組む必要のある理論的な疑問という観点から、その研究を組み立てる。

これは避けられないことである。これまで見てきたように、社会学者は――他の社会学者が面白いと感じているような感覚を彼らに与える社会学という分野の内部と、彼らが研究する価値があると考えているものに影響を及ぼす特定のグループや設定を含む社会全体の内部の両方において――インサイダーなのである。多くの場合、インサイダーとしての立場は、自分が発見するものへの根本をなす関心を彼らに与える。つまり、自分が出した結果が期待していたとおりのものだったことを明らかにすることを彼らは望んでいるのだ。それは、自分の仮説が確証されることはどんな場合であっても良いことだし、彼らはそれが正しい結果に違いないと感じているからである。しかしこうしたすべてが意味しているのは、社会学者は何の期待もなく研究プロジェクトに着手することはめったにないということだ。ほとんどの場合、自分が発見する可能性のあるものに対する考えと、それらの結果がなぜ価値あるものになるかという感覚を研究者はもち合わせている。こうした状況において、自分の期待がみずからの発見を歪める可能性があるということに、特に気をつける必要があり、まさにそれを自覚しなければならない。彼らは万事を尽くして、自分の研究結果が正確であることを確証しなければならないのだ。クリティカル・シンキングがその鍵となる。

イデオロギー的同質性の問題

これらすべては、政治的イデオロギーによって複雑なものになる。現代の社会学者は、どちらかと言えば政治的に同質であるということはすでに述べたとおりである。つまり、大多数の社会学者がスペクトルのなかのリベラルな／進歩的な／急進的な左派のいずれかに自分を位置づけており、自身を保守派だと思う人は比較的少ないということだ。この相対的な意見の一致そのものが、社会学者の期待を形成している。それは様々な結果ももたらすが、まずはメロドラマへ向かう傾向から始めよう。

・メロドラマ

劇場では、昔ながらのメロドラマは、あまりに単純なプロットが、標準化された月並みな役柄を演じる表面的な登場人物をめぐって展開する。たとえば悪意のある、口ひげをひねりまわす悪役が、純真無垢の弱きヒロインを脅して犠牲にし、最後の瞬間、彼女は勇気あるヒーローに助けられるといった具合だ。これは大衆受けするエンターテインメントを生む。観客は悪役を非難し、ヒロインに向かって気をつけろと叫び、ヒーローを応援する。一方で、たいていの現代劇や映画のプロットはもっと洗練されていて、登場人物もより多彩だ。オイディプスからスパイダーマンまで、ヒーローは単に良い人というだけではなく、欠点もあり、悪役には単に邪悪な性質というだけではない、なんらかの動機がある。矛盾や対立はもっと微妙なもので、複雑なプロットが観客の反応をより思慮深いものにする。こうして観客は、ドラマが終わった後も、登場人物がとった選択について思いを巡らすことができるのだ。

メロドラマ的側面は、社会学におけるクリティカル・シンキングのいくつかの側面を考えるのに役立つ。第一に、メロドラマがもつプロットと役柄の単純さがある。社会学理論はもっと複雑だが、一方で、それらは多くの場合、中心となるメカニズムや社会的プロセスの周囲に構築される。たとえば、合理的選択理論は、社会生活における計算された決定の役割を強調する一方で、紛争理論は、いかにエリートは様々な形態の支配を通じて制御力を維持するかを強調する。同様に、そうした理論的観点の周囲に構築される社会学の陣営は、文化的社会構造の特定の側面が――しばしば有害なやり方で――社会生活を形成する方法を強調する。極悪人の役柄に匹敵するものは、家父長制、支配、人種差別、ネオリベラリズムといった構造やプロセスに当てはめることができる。ある陣営内のすべての人は同じ理論的仮説を共有する傾向があるため、そうした宣言はめったに反論されることはない。共通の期待が、互いの主張の鋭い批判を抑止するのだ。

こうして陣営はエコーチェンバー〔自分と同じ意見があらゆる方向から返ってくる部屋のようなもの〕としての役割を果たすようになる。エコーチェンバーでは、人は互いに合意したり、合意に至った自分たちを喜んだりする。それはメロドラマの観客が、非難したり応援したりしてその行為を強調するのと同じだ。こうした環境が、個々人が自分の見解をクリティカルに考えることを難しくさせている。というのも彼らは、自分と同じ意見をもつ仲間によって強調された見解を、長年もち続けてきたからである。

この状況は社会学のイデオロギー的同質性によってさらに悪化する。特定の理論的志向性の周囲に組織された陣営は、多くの場合、ある一連の概念のみならず、その理論を強化することのできる一般的な政治的観点をも共有している。こうした陣営のメンバーは、一般に合意に達しているため、互いの意見の本質的な正しさを再確認する。これもまた、自身の考えの批判的点検を妨害する。つまり集団思考の知的バージョンである。[*5]

これは、すべての社会学者が足並みを揃えるという意味ではない。ライバル陣営のメンバーは、しばしば論争したり反論したりするが、あからさまな対立はおそらく、無関心や軽視といったことより一般的ではないだろう。社会学には核となる部分がないという不満は、こうした分散した関心を反映している。社会学の論文を発表するための最も権威ある場として、昔から『アメリカン・ソシオロジカル・レビュー』と『アメリカン・ジャーナル・オブ・ソシオロジー』という、この分野を代表する二つの雑誌がある。数十年にわたってこれらの雑誌に掲載された論文は、平均して、他の社会学専門誌の論文よりも引用数がかなり多い（つまり、他の社会学者の意見に影響を及ぼしてきたということを示している）。それがこうした専門誌に反映されて、社会学が核となる部分をもつようになったのではないかと思う人もいるかもしれない。これらの専門誌に発表されたほとんどの研究は、社会学者の大多数がおそらく完全には理解できないほど、十分に洗練された統計的分析を特徴としている。そうした最高級の社会学は、核というよりも、もう一つの陣営と言ったほうが適切だ。これらの専門誌に掲載される研究は、この分野の多くの陣営のメンバーとは無関係のように見える。社会学者がいったん大学院課程を修了すると、陣営のなかには、その分野の主要雑誌の別の論文には目もくれず、その代わりに自分の陣営の、より特化された専門誌に目を向けるようになるメンバーが現れることは大いにありうる。結果として、この分野の主要雑誌に掲載された研究は、多くの陣営の意見にほとんど影響を及ぼさないことになる。同時に、少なくとも一部の社会学者は、自分の陣営の理論的メロドラマに没入する誘惑に駆られ、他のすべての人と自分は意見が同じだという感覚に浴している自分に気づくことがある。

・予測可能性

社会学の同質的なイデオロギー環境の第二の影響は、この分野のアプローチの狭小化であり、これは予測可能性に通じる。すべての社会科学の分野、経済学、政治学、そして歴史学において、リベラル派は保守派より人数が多い一方で、そのすべてが相当数の保守派マイノリティを擁し、より内的な論争を許容する空気を生んでいる。たとえば経済学者が、提案されたなんらかの公共政策に取り組むとき、私たちは彼らが賛成意見を言うか反対意見を言うか、事前に知ることができるとは限らない。これは、経済学者が反対すると、それは経済学の原理というよりも、政府がどの程度、経済の安定化に介入しているかという問題になり、よりリベラルな経済学者は一般に、自分たちの保守的な仲間よりも積極的な政府の役割を支持することになるからである。一方で社会学者には、政治と価値観をめぐる深い溝は比較的少ない。この、より大きなイデオロギー的同質性により、どんな社会学者の立場も比較的容易に予測することができる。たとえば第7章で見たように、〈構造チーム〉はたいてい〈文化チーム〉を否定し、バランスを失った社会構造に関する不平等と不公平――そして一般に言う社会問題――を非難する。かつてはよくあることだった文化的変数に焦点をあてる批判者は、きわめてまれな存在になっている。

しかしこの予測可能性は、社会学が退屈なものになるという恐れを意味する。社会学者が悲観主義になる傾向について議論したことを思い出してほしい。進歩の証拠は退けられる。実際、そうした証拠を指摘することは危険だとみなされる。こうしたなかでは、社会変化を推進しようという決意ではなく、自己満足が促進される可能性がある。〈公共の問題についてコメントする社会学者はしばしば、現状を叱責しているように見えるのだ。

とはいえ、社会学は実際、複数の学問分野にまたがる意見の相違、特にライバル陣営のメンバー間の意見の不一致を特徴とする。こうしたライバル陣営のメンバーは、互いの理論的モデルや方法論的嗜好をけなしたり、おそらくは他の陣営がそれなりに焦点をあてているテーマにほとんど関心を示さなかったりするような人びとだ。ときに、ライバルは政治的保守派であるとの理由で否定されることがあり、ここでも社会学の内部のイデオロギー的同質性が露呈されている。この批判の一部にはもっともらしいトーンがある。たとえば〈構造チーム〉のメンバーは、〈文化チーム〉の分析を、被害者非難〔犯罪などによって生じた被害や、病気や不幸な出来事の責任をその人自身に負わせ、自業自得として非難すること〕の一形態と決めつけ、文化に焦点をあてる学者は社会的不公正になんらかの責任を負っていることを暗に示す。

〈構造チーム〉の社会学者である親はどのように、みずからの職業上の重点を育児に転化するのかと不思議に思うかもしれない。私たちは、そうしたほとんどの親が、高い教育を受けた他の中上流階級の親が実践している徹底的な育児の類に携わっているのではないかと考える。*6 つまり、おそらく彼らは自分の子どもに、今週のスペリングテストの勉強をするよう促し、良い成績をとれば良い大学に行けるし、大学教育が今度は良い仕事や安定した未来へとつながるのだから、良い成績をとることは重要だと教えるだろう。彼らがやっていないと思われるのは、自分たちは特権階級の生まれで、将来が確証されているのだから、スペリングテストなどほとんど意味がないと言って子どもを安心させることだろう。社会構造のすべてがそれほど厳格なものだとすれば、なぜ学校で良い成績をとることの重要性を強調するのだろうか?

それが、社会学的表明の予測可能性ということである。そして予測可能性にはコストが伴う。社会学内の陣営間の違いがこの分野のメンバーにとって重要に見える一方で、社会学のイデオロギー的同質性は、この分野以外の人びとに、そうした違いをほぼ見えなくさせているのだ。その代わり、社会学者は予想どおり、リベラルな立場をとるものとみなされる。そしてこの予測可能性が社会学を退屈なものに見せ、社会学者の発言を容易に無視することへとつながるのである。

自分にクリティカルであること

研究者の期待がみずからの発見を歪める可能性があるということを私たちは知っているというまさにその理由から、社会学者は自身の研究をクリティカルに考え、自分が出した結果は自分自身の期待によって故意に形成されたものではないことを確証することが重要になる。社会学者の仲間――社会学者らの学術コミュニティ――が、研究者の研究を疑問視することによって彼らに協力するという姿勢が理想である。論文発表への道のりには、そうした批判を仕事とする編集者や査読者、情報管理者がいる。しかし、現代の社会学組織が陣営に組み込まれているということは、この分野のイデオロギー的同質性と相俟って、編集者や査読者がしばしば著者の仮説やアプローチに共感しているということを意味する。これらの行為者が自身の重要な責務を真剣に捉えることを阻止するものは何もない一方で、こうした取り決めが失敗に終わるかもしれないということも容易に疑うことができる。

最近になって、基本的に意味をなさない論文を、社会科学や人文学の専門誌に投稿するというスキャンダルがいくつかあった。*7 これらの論文のいくつかは受理され、発表されたが、そのとき、この悪戯を仕掛けた張本人たちはうれしそうに自分の悪さを暴露し、まったく意味をなさない研究を受理した人びとを困惑させた。こうした例は、批判の厳格さを改善する余地があることを示唆している。

まとめ

・研究者の期待は、彼らが発見するものに影響を与える可能性がある。
・期待は社会学者に特定の課題を突きつける。なぜなら彼らの研究の受け手は、知的かつイデオロギー的に同質の傾向があるからだ。

第14章

Tough Topics

論じるのが厄介なテーマ

あらゆる社会科学の議論がクリティカル・シンキングの対象となりうる——そしておそらくは、それにより利益を得る——ということが、そろそろ明らかになっただろう。社会学やそれと関連する学問において、議論は研究について発表された報告書のなかで生じ、すべての研究には測定の選択、比較の選択、証拠の選択など、なんらかの選択が伴う。これらすべてのケースで、批判者は、その研究者の選択が研究結果を方向づけているか、それとも歪めているかと問うのが賢明だろう。そうすれば当然、分別のある人はその結果を疑うはずだ。

そのような問いは完全に理にかなっている。私たちはときどき、あたかも科学的進歩は継続的で、スムーズで、必然的なもののように話すが、本当はもっと厄介なのだ。進歩は発作的にやってくる。あらゆる科学の学説史は、いまとなっては誤りだとみなされているようなエピソードを取り上げる。

どんな科学においても、かつては当たり前とされていた知識が覆され、より有力な証拠に裏付けられた新しいアイデアが出現することがしばしばある。クリティカル・シンキングは、このプロセスにおいて重要な役割を担っている。それは、一般通念に異議を唱えることで、その主題のより良い理解へと学問を導くのに役立つ。そうした批判は、科学者がある考えを誤りとして、または間違った方向へ導くものとして、もしくは知的行き止まりとして拒否するのを助ける一方で、同時に、より前途有望な新しい意見を促進するのである。

最終的に却下されてしまった考えにも、それなりの支持者がいた。その考えを信じ、それを裏付けるような研究結果を生み出した人びとだ。ここで、新しい考えに抵抗する人や、誤った概念に固執している人として思い出される人びとについて少し考えてみたい。とはいえ、斬新な意見や変化への抵抗が常に間違っているとは限らないことも認識しておかなければならない。私たちは、社会通念が覆されたときのドラマチックなエピソードは覚えているが、そこには良い結果につながらなかった新しい考えも山ほどあったのだ――一時的には流行したかもしれないが、その後に廃れてしまったようなアイデアである。つまり、どんな瞬間にも、変化と現状の双方にそれなりの支持者がいて、これらの立場のそれぞれが、最終的にはこうした論争のいくつかで勝利をおさめているのではないか、ということだ。証拠は、ゆっくりと時間をかけて、どの考えがもちこたえ、どの考えが廃れていくかの決着をつけなければならない。

この説明は慰めになる。というのも、それは真実が――よりすぐれた証拠という形で――勝利することを仄めかしているからである。過去の論争から一歩下がって、あとから振り返ってみると、物事をこのように見るのは簡単だ。間近で見ると感情が昂る。人は自分の立場に注力しているからこそ、クリティカル・シンキングがきわめて重要になる。それが幅広く受け入れられている考えを疑うような場合はなおさらだ。

こうしたプロセスは現代の社会学に波風を立てる。相当のイデオロギー的同質性をもつ学問においては、同意があまりに幅広く普及しているため、コンセンサスを疑うことは奨励されないのだ。

文化の波が起こすこと

文化と社会構造は変化する。より良いコミュニケーションがアイデアを急速に広め、新しいテクノロジーが社会的取り決めを変える。そして、長く続いた仮説がぐらつく。こうした変化の多くをポジティブなものとして捉えるのは簡単だ。グローバルなレベルでは、より多くの人びとが民主主義のもとで暮らしており、読み書きの能力が広まり、死亡率は下がり、平均寿命は上昇している。アメリカでは、生活水準の向上と、女性や民族的・性的マイノリティの権利拡大を指摘することができる。こうした発展は多くの人びとに影響を及ぼし（全員が平等かつ一斉にとは言えないが）、彼らは、最初は抵抗に遭うかもしれないが、最終的には幅広い支持者を得て、進歩の証拠として幅広く認められる。

こうした変化は、一般に受け入れられている幅広い文化の波のなかで起こるものと考えられる。比較的最近の例はインターネットだ。インターネットのいくつかの側面に不満を抱く人もいる一方で、大多数の人がネットに頼っている。インターネットは斬新なものから当然のものへ、さらに、私たちの生活に欠かせない機能へと急速に発展していった。ネットは人びとに受け入れられ、この状況は変わらないように見える――少なくとも、代替する卓越した通信システムが現れない限りは。

その他の発展も社会のより狭いところに影響を及ぼしている。たとえば社会学者だ。新しい概念、理論的観点、方法論的技法が継続的に出現している。そのいくつかが支持され、この学問の内部、またはは少なくとも個々の陣営の内部に比較的広く普及している。多くの場合、こうした変化はそれぞれの学問に固有のもので、その点においては、社会学以外のところとは――少なくとも初めのうちは――ほとんど関連性がない。しかし、より大きな社会における変化が、同時に社会学の内部を刺激し、発展につながるということもある。一九七〇年代初頭に、女性問題に対する関心（当時は女性解放運動と呼ばれていた）が再び高まったことにより、社会学者は、当時は性役割と呼ばれ、まもなくしてジェンダーと言い換えられたものに、より的を絞るようになった。

こうした発展は社会学の内部に旺盛な関心と熱意を生み出すことができる。新鮮なアイデアにはしばしば多くの含意がある。社会学者は、いったん新しい観点を取り入れると、もっと探究できそうな興味深いテーマを見出す。そしてそれが、あらゆる種類の新たな研究へとつながるのだ。場合によっては――洗練された統計的手法の導入など――、その影響が限定されることもある。単一の陣営を超えたところで何が起こっているかに気づく人は少ないからだ。しかし、より大きな社会で起こる変化が社会学に影響するような場合、その影響はきわめて大きなものになる可能性がある。たとえば、より大きな社会における女性問題への新たな関心は、この学問分野全体の社会学者に影響を与えた。数十年の間、女性問題は家族社会学の範囲内に区分けされていたが、公的組織について研究していた人は、そうした組織内での女性の地位について考えている自分に気づき、また逸脱の社会学者は逸脱者としての、逸脱の犠牲者としての女性の経験に焦点をあて始めた。そしてついには、実質的にあらゆるテーマをジェンダーというレンズを通して見て、それ以外の社会学者の分析については、ジェンダーが組み込まれていないという理由で批判したりするようになったのだ。

こうした文化の波の影響は、社会学のイデオロギー的同質性によって拡大する可能性がある。公民権、女性の権利、ゲイやレズビアンの権利などに関する運動は、政治的リベラルの間で最大の支持者を得た。それらはまた、こうした運動と合致するような個人的共感をもつ社会学者の間で、強く幅広いサポートを見出したというのも驚くべきことではない。

効果的な文化の波は当然のことと考えられるようになった。社会が、もはや時代遅れの誤った慣習とされているものへと逆行していくかもしれないなど、考えられないことのように思える（そうした可能性に対する私たちの不安は、崩壊した文明の残骸のなかでもがく人びとを描いた、ポスト終末論的でディストピア的なあらゆる物語で展開されている）。文化の波はものごとがどのように作用すべきか、また作用することになるのかについての新たな仮説を生み出す。それらは社会全体に、そして社会学全体に影響を及ぼすのだ。

「良い子問題」

社会学の内部において、最近の文化の波——特に不利な立場にある様々なカテゴリーの人びとの権利を求める運動――は、より深い影響力をもっている。社会の階層化はどんなときも、社会学の関心事の中心を成してきたが、次第に階級、地位、人種、ジェンダーの社会的関係性といった社会構造が、権力の差を反映するものとして理解されるようになっている。**エリート**、**搾取**、**支配**といった生々しい権力を彷彿とさせる用語が、社会学の文献で頻繁に見られるようになった。多くの社会学者が、より力の弱い人びと、他の権力によって傷付けられてきた人びとに共感するのを当然のこととしている。

この移行は、多くの社会学者を迫害や脆弱性に焦点をあてることへと導いてきた。その初期の表現が被害者非難という考え方だった。[*1] このフレーズはある心理学者による造語だが、社会学者は進んでこれを採用した。その中心となる考え方は、著しく不平等であることを特徴とする社会の内部では、機会に恵まれない人びとはしばしば、中退や麻薬の使用、犯罪など、犠牲の大きい選択をすることが多く、そうした選択は彼らにさらなるつけを払わせることになる、ということだ。従来の社会は、このような人びとを、選択を誤った者として非難するかもしれないが、この非難は見当はずれだというのだ。なぜなら彼らは、人生にひどい障害を与えた社会の犠牲になってきたからだ。この非難はむしろ、多くの人びとを不利な立場に追いやった人種差別的な階級制度に向けられるべきだ、というのが社会学者らの主張だ。

明らかに、社会学者は社会的取り決めの重要性を強調する議論にかなりの共感を抱いていた。同時に、それに対応する文化の波が起こり、それが被害者の社会的状況に注意を向けさせた。これらには様々な形の虐待（児童虐待や老人虐待など）に対するあからさまなキャンペーンや、レイプなどの犯罪被害者に対してより大きな支援を提供することを求める被害者の権利運動、犯罪学の内部の専門分野としての被害者学の勃興などが含まれる。被害者について語ることが流行し始めた。

被害者に焦点をあてることは、メロドラマ的な見解を反映している（第13章を参照）。メロドラマでは、被害者は弱くて攻撃を受けやすく、理解と共感を得るに値すると見られている。社会学者のなかには、被害者非難を論理的誤謬とみなし、推論における過ちとして扱う人もいたようだ。これは擁護できる立場だが、他の仮説に基づいて社会学を行うことも可能だということも認識しなければならない。たとえば少年非行の社会学者は、「良い子問題」について説明してきた。[*2] つまり、犯罪者になることと結びつくような困難な状況下で育てられながらも（たとえばスラム街などで育っても）、非行のえじきになることを回避できた人――つまり「良い子」――がいることは常に指摘できる。言い換えれば、非行がこうした構造的条件によって引き起こされると議論することは、過大予測だということである。スラム街で育ったことが非行の原因となるならば、スラム街で育ちながらも非行に走らない子どもたちのことをどう説明すればよいのか？　被害者非難は社会構造の権力を無視していると社会学者が主張するならば、こうした良い子は、その権力そのものに限界があることを私たちに思い出させてくれる。

多くの類似した例を指摘することができるだろう。たとえば、最下層の五分位（つまり、収入が最低である世帯の二〇％）で育った相当数のマイノリティの子どもは、大人になっても最下層の五分位に留まることになるということは、非常に多くの証拠が示すところだ。誰もがアメリカンドリームを実現するとは限らず、ビジネスで成功するとは限らないという事実は、ときにアメリカの社会制度の欠陥を言い当てたものとして提示されることがある。しかしこの批判は、最下層の五分位で育てられたほとんどの子どもが実際に大人になったときに、最高層の五分位――社会的地位の上昇志向をもつ良い子（男女とも）として私たちが考えるような人たち——に移行することがあるという証拠を無視している。非行の原因となるような社会構造の権力を誇張することが可能であるのと同じように、流動性をブロックしようとする社会構造の傾向もまた、大げさに表現されている可能性があるのだ。

〈構造チーム〉にも確かに一理ある。個人の幼少時代の状況は、いまの場所に留まるよりもはるかに、社会の階段を上ったり下りたりすることを実際に難しくさせている。私たちは、その数多くの理由を想像することができる。たとえば差別や偏見といった障害が、階段を上ろうとする人の前に立ちはだかっているかもしれない。あまり恵まれていない環境で育った人は、財産となるもの（たとえば良い学校など）へのアクセスも少ない。そして人は自分の人生を、すでになじみのある状況の周りに構築しようとする傾向がある。多くの学生が、アメリカは特にオープンな社会、誰もが「頂点までたどり着く」ことができるような社会だと信じて大学に入るため、社会学入門の講師は、アメリカ人は実際、学生が思っているほど社会的可動性が少ないということを示すことが自分たちの責任だと、長年考えてきた。これと密接な関わりがあるのが、この分野が被害者と弱者を強調する点だ。[*3] とはいえ、ここには緊張がある。なぜならこの態度は、あらゆる障害にもかかわらず、実際に起こっている相当の可動量を無視することにつながる恐れがあるからだ。

犠牲に焦点をあてることは、その性質のこれまでになく拡大した定義を裏付けることにもなる。マイクロアグレッション〔自覚なき差別行動の意味〕という概念を考えてみよう。[*4] これは、その言葉が示唆しているように、多くの場合、対面の関係性のなかで起こるちょっとした瞬間、言葉、しぐさなどで、相手の社会的地位をけなすものとして理解されている。その概念はほとんどの場合、精神医学、心理学、教育の場で使用されるが、社会学者のなかにもこれを採用する者がいる。基本的な考えは、人は多くの小さな侮辱のターゲットになることによって被害を受けることがある――ストレスと孤独を感じさせられる――ということだ。ほとんどの場合、マイクロアグレッションは人種や民族性を伴うものとして議論されるが、その概念はジェンダー、セクシュアリティ、その他、弱者とみなされる人びとのカテゴリーに適用されてきた。ある行為がマイクロアグレッションとして特徴づけられるかどうかは、ひとえに被害者の受け止め方による。フレンドリーなコメントを意図したものでも、そのコメントの受け手が、なんらかの潜在的な偏見《バイアス》を明らかにするものとして解釈した場合、それはマイクロアグレッションに分類されうる。たとえば、「出身はどこですか?」という質問は、「あなたはここの人間ではない」という意味を含むものとして解釈される可能性があるということだ。

人種偏見なき人種差別〔肌の色を見えなくすることで人種差別がなくなったかのように見えて、実は依然として差別は存在するということ〕と同様、マイクロアグレッションという概念は、加害者として特徴づけられる人が自分になんらかの悪意があることを否定することができるような状況のなかでの加害行為を特定する力を分析者に与える。*5 どちらの用語も、トラブルとなるような不快な行動として理解されるべきだということを示唆する言葉――**人種差別**や**攻撃性**《アグレッション》――を含んでいることに注意してほしい。もちろん、社会学者は驚くべき観点を提供する能力を利用して、研究対象が選択する可能性のあるものとは異なる観点から社会生活を解釈しようとする。この概念が流行したのもうなずける。同時に、この概念の有用性を当然のことと考えることはできない。社会科学におけるすべての新しい考えと同じように、それはクリティカル・シンキングの対象になる必要がある。

結局のところ、文化の波は学問の考え方を歪め、その波の仮説と一致するよう研究課題を体系化することを促す一方で、その波の社会や社会生活の描き方にきちんと当てはまらないような他のテーマには耳を傾けそこなっているのである。アイデアが、ある特定の関心事を共有するメンバーで満たされた陣営内に根付くのは簡単だ。そして、イデオロギー的に同質の学問分野において、そうしたアイデアが、一般に採用されているとは言わないまでも、なんとかもちこたえているのを認めるのも、それほど難しいことではないのである。

不平等の形態を列挙することは、社会学、より一般的には社会科学における重要な一部である。しかし社会学のミッションは、単に不平等を強く非難することを超えたところにあり、文化の波を捉えることは、社会学の残りの議題を放棄してもよいということではない。

タブーとなっているテーマ

しかし、学問の満場一致にはもう一つの、潜在的により重大な結末がある。社会学者は、「尋ねてはならない研究課題」には取り組みたがらない。つまりタブーとなっているテーマ、少なくとも潜在的にタブーの研究結果というものがあるということだ。

一般に、これらのテーマは人種、階級、ジェンダー、セクシュアリティなど、議論を引き起こす恐れのある問題に取り組むものである。これらのテーマについてはすべて、社会学者が長い間研究してきた。初期の社会学研究は、人種差別や階級構造によって引き起こされる弊害を暴き出し、これらの制度によって犠牲となった人びとの反応を説明することを試みていた。ジェンダーやセクシュアリティをベースにした不平等への関心は、それよりも後に起こった。こうしたすべてのケースで、社会学者は、差別は間違っていると主張した。

同時に、社会学者は不平等の証拠を記録することも試みた。そしてもちろん、記録すべき不平等はたくさんある。収入、財産、平均寿命、学歴など、実質的にあらゆる社会指標が、民族性、階級、ジェンダー、セクシュアリティに関連するパターンを明らかにし、ほとんどが〈構造チーム〉に属している社会学者は、こうしたパターンを社会的取り決めによって引き起こされたものとして説明することにかなりの安心感を抱いている。その一方で、他の原因を提示するような説明は（ときにあっさりと）却下する。そして、社会学の内部にはそうしたイデオロギー的満場一致が存在するがゆえに、社会学者は他の説明が適切かどうかと尋ねることさえすべきではないと主張することができるのだ。

家族構成と子どもの将来性との関連性を考えてみよう。政治的保守派――社会学の内部にはめったにいないことを思い出してほしい――は、結婚した男女とその子どもから成る従来の核家族は、子どもに様々な利点を与えると主張する。ところが社会は刻々と変化している。結婚していない両親から生まれる子どもが増え、離婚する夫婦が増加し、これによって多数の子どもが片親世帯で生活している。さらに、ゲイやレズビアンのカップルに育てられる子どもも増えている。一般に、社会学者は子どもたちが多様な世帯で育てられるような状況につながるこうした変化を支持している。しかし多くの保守派は、こうした非伝統的な世帯出身の子どもは傷を負うのではないか――学校で問題を抱えるとか、他の種類の危害を被るなど――と危惧する。

これは社会学者にとって、研究の機会になると想像することもできるだろう。そして実際にそのとおりである。しかしその結果は、それが何を示すかにもよるが、常に受け入れられるものではない。子どもはどんな種類の家族構成でもうまくやっていけることを証明するような研究は、難なく受け入れられる。しかしながら、伝統的な家庭出身の子どもには利点があることを示唆する研究は、それほど熱狂的に受け入れられない可能性が高い。もちろん、これはいまに始まったことではない。ある学問分野の現在のコンセンサスに異を唱えるような研究結果は常に抵抗に遭ってきたし、そのいくつかは、そうした研究のメリットに関する論争を間違いなく反映している。[*6] しかしタブーは違う。それは、あるアイデアの表現そのものを抑止しようとすることで、論争を前もって封じてしまうのだ。

明らかに、ある研究者の測定、比較、証拠の選択を批判することは、完全に理にかなっている。場合によっては、科学者は手に負えないようなクレイム――地球は平らであるといったような――については、あっさりと退けることに不快を感じないだろう。しかし、そうした却下は、地球は丸いという議論の証拠と、地球は平らであるというクレイムの誤りに関して、すでに実証された合意があることを前提としている。これが研究を拒否することとまったく異なるのは、その研究結果が、人が発見したいと願っていたかもしれないことと一致しないからという、ただそれだけの理由なのだ。

限定なしにクリティカルに考える

クリティカル・シンキングがきわめて重要なのは、それによって社会科学者が、最も抗しがたい証拠でもって知識を構築することができるからだ。クリティカル・シンキングはさらに、様々な課題を提起する。なぜなら、私たちはしばしば、何が本当かをすでに知っていると思っており、だからこそ他人の批判に抵抗する――憤怒することさえある――のだ。

同じ基準が、様々な志向性や陣営のすべてにおける社会学者全員に当てはまる。（世界がどうあることを望もうと、それに反して）世界をあるがままに理解しようとするなら、私たちは自分自身のクレイムについてクリティカルに考える必要があり、さらには他者の批判に耳を傾け、それを考慮に入れなければならない。それは厄介で、しばしば不快なプロセスではあるが、社会学的知識を構築する上では欠かせないことなのである。

まとめ

・新しい知識の開発はしばしば論争を呼び、物議をかもす。
・文化の波は異なる考えに対する私たちのオープンな態度を形成する。
・テーマをタブーと定義することは、クリティカル・シンキングの妨害となる。

Afterword: Why Critical Thinking Is Important

おわりに――なぜクリティカル・シンキングは重要なのか

クリティカル・シンキングは孤独な追求かもしれない。結局のところ、それは――他者の考えに対してだけでなく、自分自身の推論に対しても――批判的であることに関わるからだ。批判されることはそれほど楽しいことではない。むしろとてもフラストレーションが溜まることかもしれない。ほとんど常に、クリティカルに考えることを適当にごまかすほうが楽なのである。

とはいえ、クリティカル・シンキングはきわめて重要だ。進歩は、注意深く考え、言われたことに疑問をもち、一般通念に懐疑的になろうとする意欲から生まれる。自分の周りを見渡してほしい。これを読んでいるその瞬間も、あなたは様々なモノに囲まれ、頭はアイデアでいっぱいに満たされている。それは科学的進歩の産物――すなわち、クリティカル・シンキングの産物なのだ。クリティカル・シンキングが人類を今日のような存在にした。それは、ものごとがより良い方向へ進み続ける限り、必要不可欠なのである。

訳者あとがき

本書はジョエル・ベストの最新刊、*Is That True?: Critical Thinking for Sociologists*（University of California Press, 2021）の全訳である。『本当に？——社会学者のためのクリティカル・シンキング』という原題のとおり、本書は社会学者、広くは社会科学者が、社会問題や人びとの行動様式について調査研究するにあたり、どうすればクリティカルに考えることができるかに焦点をあて、様々な例を挙げながらわかりやすく解説している。

クリティカル・シンキングとは、直訳すると「批判的思考」という意味だが、この「批判」という言葉から、日本ではいまだクリティカル・シンキングに対してネガティブな印象をもつ人が少なくない。しかしここで言う「批判」は無論、相手の考えを否定したり、欠点を指摘したり、粗探しをしたりといったことを意味するものではない。一般通念や自分自身の思い込みは、はたして「本当に正しいのか？」と客観的に疑ってみることで、主観や偏見を排除して物事の本質を見抜き、その時々の状況における最適解を導き出すということなのだ。

本書でベストは、クリティカル・シンキングを「クレイムを評価するための一連のツール」とみなしている。この「クレイム」もまた、対象への苦情や不満、文句や怒りといった、いわゆる「クレーム」

とは異なる。ベストによれば、「クレイムとは、何かがそうであると断言するあらゆる言明のこと」である。簡単に言えば、その人の考えまたは主張ということになるだろうか。この「クレイム」を正しく評価することが、クリティカル・シンキングの要となるのだが、それは社会学者に限った話ではない。どんな科学も、どんな新しいアイデアも、自分自身と他者の考えの批判的点検から生まれるというこの考え方は、多様な価値観が共存するこれからの国際社会を生きるあらゆる人びとに当てはまると言えるだろう。

欧米では一九七〇年代頃からクリティカル・シンキングが社会的に注目され、まずは教育現場で取り入れられるようになった。人の意見を鵜呑みにせず、一度疑ってから自分自身で考えるという習慣が子どもの頃から身についている欧米とくらべて、日本では、クリティカル・シンキングの重要性が叫ばれるようになって久しいものの、いまだ学校教育において一般的に学ぶ体制が十分に整っているとは言い難い。今でこそ論理的思考力を問う試験問題が増えてはきたが、受動的な教育を受けてきた日本の学生たちは、如何せん討論が苦手だ。彼らは、クリティカル・シンキングに基づいた教育を受けないまま社会人となり、いきなりビジネスの現場でその能力が求められるといった事態に陥っている。

ATCs 21（Assessment and Teaching in 21st Century Skills）という国際団体が提唱する「二一世紀型スキル」の「思考の方法」のカテゴリーには、創造力とイノベーション、問題解決、意思決定、学びの学習、メタ認知などの項目と並んで、クリティカル・シンキングがリストされている。また、二〇二〇年一〇月の世界経済フォーラムで発表された「仕事の未来レポート」には、「二〇二五年に向けて求められるスキル」の第四位にクリティカル・シンキングがランクインしている。このように、クリティカル・シンキングは世界的に注目されるスキルであることは確かだ。しかし同フォーラムの二〇一九年の「世界競争力レポート」によると、クリティカル・シンキング教育の導入・推進に関するランキングで、日本は一四一ヶ国中八七位だ。これは、ジェンダーギャップ指数の順位にも匹敵するほどの低さである。この事実の背景には、人との対立を避け、和を重んじるという日本の文化的・民族的要因があるだろう。さらに、個人の利益より全体の利益を優先し、画一的かつ全体主義的な体制のもとで行われる学校教育もまた、その一因と考えられる。しかしそれらは、同調圧力への服従を生み、新しいアイデアの発展の足枷にもなる。

かくいう私も、そうした従来の日本の教育を受け、大人になってから海外に飛び出した。本書の翻訳依頼を受けたとき、二〇年以上も前の苦い体験が頭をよぎった。自分よりはるかに若い学生たちが、盛んに意見を交わし、疑問を提起し、納得するまで話し合うという光景は日常茶飯事。先生よりも、むしろ学生のほうが主体となって討論を展開していく。教えられたことを教えられたとおりに理解してきた私は、討論に参加することもままならず、そもそも提起すべき疑問すら浮かばない。つまり、「クレイムの申し立て」ができないのだ。今さらクリティカル・シンキングの方法など誰も教えてはくれない。そこでどうしたかと言えば、とにかく他の学生のクレイムをよく聞き、それに対して皆がどのような反応や批判をしているかに全神経を集中した。そうしているうちに、どのようなクレイムが受け入れられ、どのようなクレイムが聞き流されるか、その傾向のようなものが見えてきたのだ。本書でも述べられているように、支持されるクレイムは明らかに、「強い証拠」に裏付けられている。そのようなクレイムは、どれほど些細なものであっても、人の心を動かすだけの力をもつ。

クリティカル・シンキングは一種のスキルであり、訓練と練習を重ねれば上達するとベストは言っている。まったくもってそのとおりだ。私もずいぶん鍛えられた。今や日本でも、世界的な遅れを取り戻すかのように、ビジネスに役立つクリティカル・シンキングのワークショップや講座が巷に溢れかえっている。今からでも遅くはない。まずは、〝クリティカル・シンキングが苦手な日本人〟という前提を疑うことから始めよう。

現在、デラウェア大学の社会学・刑事司法学部で教鞭を執るベストの著作のうち、邦訳があるのは以下のとおりである。

・『統計はこうしてウソをつく――だまされないための統計学入門』（林大訳、白揚社、二〇〇二年）
・『統計という名のウソ――数字の正体、データのたくらみ』（同、二〇〇七年）
・『なぜ賢い人も流行にはまるのか――ファッドの社会心理学』（同、二〇〇九年）
・『あやしい統計フィールドガイド――ニュースのウソの見抜き方』（同、二〇一一年）
・『社会問題とは何か――なぜ、どのように生じ、なくなるのか?』（赤川学監訳、筑摩書房、二〇二〇年）

特に全米でロングセラーとなっている『社会問題とは何か』は、社会問題の構築主義アプローチの教科書としても使用されている、いわば社会問題の入門書である。構築主義アプローチは、社会問題を、社会の外部に客観的に存在するものとしてではなく、人びとの認識によって主観的に構築されるものとして考える。この構築主義においても、クレイムを申し立てる側と、クレイムを受け取る側の双方に対して、クリティカルに考えることが要求されるとベストは説いている。本書では、こうした学術的な説明にはあまり踏み込んでいないが、クリティカル・シンキングを体系的に考察する際に、ぜひ参考にしていただきたい一冊である。

最後に、なつかしい記憶を呼び起こし、クリティカル・シンキングについて再考する機会を与えてくださった慶應義塾大学出版会出版部の永田透氏をはじめ、本書の刊行までにお世話になったたくさんの方々に、この場を借りて厚く御礼申し上げる。

飯嶋貴子

二〇二一年一一月

索引

ア行

カ行

サ行

タ行

ナ行

ハ行

マ行

ヤ行

ラ行

参考文献

Allport, Gordon W. 1954. *The Nature of Prejudice*. Cambridge, MA: Addison-Wesley.（『偏見の心理』原谷達夫・野村昭訳、培風館、1968年）

Arum, Richard, and Josipa Roksa. 2011. *Academically Adrift: Limited Learning on College Campuses*. Chicago: University of Chicago Press.

Becker, Howard S. 1963. *Outsiders: Studies in the Sociology of Deviance*. New York: Free Press.（『完訳アウトサイダーズ――ラベリング理論再考』村上直之訳、現代人文社、2011年）

———. 1986. *Writing for Social Scientists: How to Start and Finish Your Thesis, Book, or Article*. Chicago: University of Chicago Press.（『ベッカー先生の論文教室』小川芳範訳、慶應義塾大学出版会、2012年）

Best, Joel. 2001a. "Giving It Away: The Ironies of Sociology's Place in Academia." *American Sociologist* 32, 1: 107–13.

———. 2001b. "'Status! Yes!': Tom Wolfe as a Sociological Thinker." *American Sociologist* 32, 4: 5–22.

———. 2003. "Killing the Messenger: The Social Problems of Sociology." *Social Problems* 50, 1: 1–13.

———. 2006a. "Blumer's Dilemma: The Critic as a Tragic Figure." *American Sociologist* 37, 3: 5–14.

———. 2006b. *Flavor of the Month: Why Smart People Fall for Fads*. Berkeley: University of California Press.（『なぜ賢い人も流行にはまるのか――ファッドの社会心理学』林大訳、白揚社、2009年）

———. 2016. "Following the Money across the Landscape of Sociology Journals." *American Sociologist* 47, 2–3: 158–73.

———. 2018. *American Nightmares: Social Problems in an Anxious World*. Oakland: University of California Press.

Billig, Michael. 2013. *Learn to Write Badly: How to Succeed in the Social Sciences*. Cambridge: Cambridge University Press.

Bonilla-Silva, Eduardo. 2015. "The Structure of Racism in Color-Blind, 'Post Racial' America." *American Behavioral Scientist* 59, 11: 1358–76.

Brooks, David. 2000. *Bobos in Paradise: The New Upper Class and How They Got There*. New York: Simon & Schuster.（『アメリカ新上流階級 ボボス――ニューリッチたちの優雅な生き方』セビル楓訳、光文社、2002年）

Brown, Kristi Burton. 2015. "10 Pro-Abortion Myths That Need To Be Completely Debunked." *LifeNews.com*, February 25, www.lifenews.com/2015/02/25/10-pro-abortion-myths-that-need-to-be-completely-debunked.

Buckingham, Cheyenne, Evan Comen, and Grant Suneson. 2018. "America's Most and Least Educated States." *MSN.Money*, September 24, www.msn.com/en-us/money/personalfinance/america's-most-and-least-educated-states/ar-BBNlBSS.

Cardiff, Christopher F., and Daniel B. Klein. 2005. "Faculty Partisan Affiliations in All Disciplines: A Voter-Registration Study." *Critical Review* 17, 3: 237–55.

Cole, Stephen. 1994. "Why Sociology Doesn't Make Progress Like the Natural Sciences." *Sociological Forum* 9, 2: 133–54.

———. 2006. "Disciplinary Knowledge Revisited: The Social Construction of Sociology." *American Sociologist* 37, 2: 41–56.

Collins, H.M. 2000. "Surviving Closure: Post-Rejection Adaptation and Plurality in Science." *American Sociological Review* 65, 6: 824–45.

Davis, Murray S. 1993. *What's So Funny? The Comic Conception of Culture and Society*. Chicago: University of Chicago Press.

Davis, Sean. 2015. "7 Gun Control Myths That Just Won't Die." *The Federalist.com*, October 7, http://thefederalist.com/2015/10/07/7-gun-control-myths-that-just-wont-die.

Diamond, Jared. 2005. Collapse: *How Societies Choose to Fail or Succeed*. New York: Viking（(『文明崩壊——滅亡と存続の命運を分けるもの』楡井浩一訳、草思社、2012年）

Dickson, Donald T. 1968. "Bureaucracy and Morality: An Organizational Perspective on a Moral Crusade." *Social Problems* 16, 2: 143–56.

Eisner, Manuel. 2003. "Long-Term Historical Trends in Violent Crime." *Crime and Justice* 30: 83–142.

Embrick, David G., Silvia Domínguez, and Baran Karsak. 2017. "More Than Just Insults: Rethinking Sociology's Contribution to Scholarship on Racial Microaggressions." *Sociological Inquiry* 87, 2: 193–206.

Federal Bureau of Investigation. 2018. *2017 Hate Crime Statistics*, Table 12. Available at https://ucr.fbi.gov/hate-crime/2017/topic-pages/tables/table-12.xls.

Fine, Gary Alan, and Daniel D. Martin. 1990. "A Partisan View: Sarcasm, Satire, and Irony as Voices in Erving Goffman's Asylums." *Journal of Contemporary Ethnography* 19, 1: 89–115.

Fischer, David Hackett. 1970. *Historians' Fallacies: Toward a Logic of Historical*

Thought. New York: Harper & Row.

Furedi, Frank. 2016. "The Cultural Underpinning of Concept Creep." *Psychological Inquiry* 27, 1: 34–39.

———. 2018. *How Fear Works: Culture of Fear in the Twenty-First Century*. London: Bloomsbury Continuum.

Gilson, Dave. 2013. "10 Pro-Gun Myths, Shot Down." *Mother Jones.com*, January 31, www.motherjones.com/politics/2013/01/pro-gun-myths-fact-check.

Glaser, Barney G., and Anselm L. Strauss. 1967. *The Discovery of Grounded Theory: Strategies for Qualitative Research*. Chicago: Aldine.（『データ対話型理論の発見——調査からいかに理論をうみだすか』後藤隆・水野節夫・大出春江訳、新曜社、1996年）

Goffman, Erving. 1952. "On Cooling the Mark Out: Some Aspects of Adaptation to Failure." *Psychiatry* 15, 4: 451–63.

———. 1961. *Asylums: Essays on the Social Situation of Mental Patients and Other Inmates*. Garden City, NY: Doubleday Anchor.（『アサイラム——施設被収容者の日常世界』石黒毅訳、誠信書房、1984年）

Goldacre, Ben. 2012. *Bad Pharma: How Drug Companies Mislead Doctors and Harm Patients*. London: Fourth Estate.（『悪の製薬——製薬業界と新薬開発がわたしたちにしていること』忠平美幸・増子久美訳、青土社、2015年）

Gross, Neil, and Solon Simmons. 2014. "The Social and Political Views of American College and University Professors." *Professors and Their Politics*, ed. Neil Gross and Solon Simmons, 19–49. Baltimore, MD: Johns Hopkins University Press.

Gubrium, Jaber F., and James A. Holstein. 1997. *The New Language of Qualitative Method*. New York: Oxford University Press.

Harrington, Anne, ed. 1997. *The Placebo Effect: An Interdisciplinary Exploration*. Cambridge, MA: Harvard University Press.

Harris, Scott R. 2014. *How to Critique Journal Articles in the Social Sciences*. Thousand Oaks, CA: Sage.

Haslam, Nick, Brodie C. Dakin, Fabian Fabiano, Melanie J. McGrath, Joshua Rhee, Ekaterina Vylomova, Morgan Weaving, and Melissa A. Wheeler. 2020. "Harm Inflation: Making Sense of Concept Creep." *European Review of Social Psychology* 31, 1: 254–86.

Herman, Arthur. 1997. *The Idea of Decline in Western History*. New York: Simon & Schuster.

Janis, Irving L. 1982. *Groupthink: Psychological Studies of Policy Decisions and Fiascoes*. Boston: Houghton Mifflin.

Kohler-Hausmann, Julilly. 2007. "'The Crime of Survival': Fraud Prosecutions, Community Surveillance, and the Original 'Welfare Queen.'" *Journal of Social History* 41, 2: 329–54.

Lakoff, George, and Mark Johnson. 1980. *Metaphors We Live By*. Chicago: University of Chicago Press.（『レトリックと人生』渡部昇一・楠瀬淳三・下谷和幸訳、大修館書店、1986年）

Laposata, Elizabeth, Allison P. Kennedy, and Stanton A. Glantz. 2014. "When Tobacco Targets Direct Democracy." *Journal of Health Politics, Policy, and Law* 39, 3: 537–64.

Lareau, Annette. 2011. *Unequal Childhoods: Class, Race, and Family Life*. 2nd ed. Berkeley: University of California Press.

Lee, Murray. 2007. *Inventing Fear of Crime: Criminology and the Politics of Anxiety*. Cullompton, Devon, UK: Willan.

Merseth, Katherine K. 1993. "How Old Is the Shepherd? An Essay about Mathematics Education." *Phi Delta Kappan* 74（March）: 548–54.

Mills, C. Wright. 1959. *The Sociological Imagination*. New York: Oxford University Press.（『社会学的想像力』伊奈正人・中村好孝訳、筑摩書房、2017年）

Mosher, Clayton J., Terance D. Miethe, and Dretha M. Phillios. 2002. *The Mismeasure of Crime*. Thousand Oaks, CA: Sage.

Nardi, Peter M. 2017. *Critical Thinking: Tools for Evaluating Research*. Oakland: University of California Press.

National Academies of Sciences, Engineering, and Medicine. 2018. *The Safety and Quality of Abortion Care in the United States*. Washington, DC: National Academies Press. Available at http://nationalacademies.org/hmd/reports/2018/the-safety-and-quality-of-abortion-care-in-the-united-states.aspx.

National Center for Statistics and Analysis. 2018. *2017 Fatal Motor Vehicle Crashes: Overview*. Traffic Safety Facts Research Note. Report No. DOT HS 812 603. Washington, DC: National Highway Traffic Safety Administration.

Neem, Johann N. 2019. "On Critical Thinking: We Can Only Think Critically about Things about Which We Have Knowledge." *Hedgehog Review Blog*, August 13, https://hedgehogreview.com/blog/thr/posts/on-critical-thinking.

Ogden, Jane. 2019. *Thinking Critically about Research: A Step-by-Step Approach*. New York: Routledge.

Parkinson, C. Northcote. 1957. *Parkinson's Law, and Other Studies in Administration*. Boston: Houghton Mifflin.

Pease, John, and Rytina, Joan. 1968. "Sociology Journals." *American Sociologist* 3, 1: 41–45.

Peter, Laurence J., and Raymond Hull. 1969. *The Peter Principle: Why Things Always Go Wrong*. New York: Morrow.（『ピーターの法則――「階層社会学」が暴く会社に無能があふれる理由』渡辺伸也訳、ダイヤモンド社、2018年）

Pinker, Steven. 2018. *Enlightenment Now: The Case for Reason, Science, Humanism, and Progress*. New York: Viking.（『21世紀の啓蒙――理性、科学、ヒューマニズム、進歩』橘明美・坂田雪子訳、草思社、2019年）

Pluckrose, Helen, James A. Lindsay, and Peter Boghossian. 2018. "Academic Grievance Studies and the Corruption of Scholarship." *Areo*, October 2, https://areomagazine.com/2018/10/02/academic-grievance-studies-and-the-corruption-of-scholarship.

Putnum, Robert. D. 2000. *Bowling Alone: The Collapse and Revival of American Community*. New York: Simon Schuster.（『孤独なボウリング――米国コミュニティの崩壊と再生』柴内康文訳、柏書房、2006年）

Reckless, Walter C., Siom Dinitz, and Ellen Murray. 1957. "The 'Good Boy' in the High Delinquency Area." *Journal of Criminal Law, Criminology, and Police Science* 48, 1: 18–25.

Redding, Richard E. 2013. "Politicized Science." Society 50, 5: 439–46.

Riesman, David. 1950. *The Lonely Crowd: A Study of the Changing American Character*. New Haven and London: Yale University Press.（『孤独な群衆』加藤秀俊訳、みすず書房、1964年）

Robin, Ron. 2004. *Scandals and Scoundrels: Seven Cases That Shook the Academy*. Berkeley: University of California Press.

Robinson, W.S. 1950. "Ecological Correlations and the Behavior of Individuals." *American Sociological Review* 15, 10: 351–57.

Rosenthal, Robert. 1966. *Experimenter Effects in Behavioral Research*. New York: Appleton-Century-Crofts.

Rosenthal, Robert, and Lenore Jacobson. 1968. *Pygmalion in the Classroom: Teacher Expectations and Pupils' Intellectual Development*. New York: Holt, Rinehart & Winston.

Ryan, William. 1971. *Blaming the Victim*. New York: Pantheon.

Scherker, Amanda. 2015. "10 Abortion Myths That Need to Be Busted." *Huffington Post*, January 22, www.huffingtonpost.com/2015/01/13/abortion-myths_n_6465904.html.

Selvin, Hanan C. 1958. "Durkheim's Suicide and Problems of Empirical Research."

American Journal of Sociology 63, 6: 607–19.

Shiller, Robert J. 2015. *Irrational Exuberance.* 3rd ed. Princeton, NJ: Princeton University Press.（『投機バブル 根拠なき熱狂――アメリカ株式市場、暴落の必然』植草一秀・沢崎冬日訳、ダイヤモンド社、2001年）

Slater, Philip. 1970. *The Pursuit of Loneliness: American Culture at the Breaking Point.* Boston: Beacon Press.（『孤独の追求――崩壊期のアメリカ文化』渡辺潤訳、新泉社、1980年）

Smith, Tom W. 1992. "Changing Racial Labels: From 'Colored' to 'Negro' to 'Black' to 'African American.'" *Public Opinion Quarterly* 56, 4: 496–514.

Sokal, Alan, and Jean Bricmont. 1998. *Fashionable Nonsense: Postmodern Intellectuals' Abuse of Science.* New York: Picador USA.（『「知」の欺瞞――ポストモダン思想における科学の乱用』岡崎晴明・大野克嗣・堀茂樹訳、岩波書店、2012年）

Sorokin, Pitirim. 1956. *Fads and Foibles in Modern Sociology and Related Sciences.* Chicago: Regnery.

Toulmin, Stephen Edelston. 1958. *The Uses of Argument.* Cambridge: Cambridge University Press.（『議論の技法 トゥールミンモデルの原点』戸田山和久・福澤一吉訳、東京図書、2011年）

Waiton, Stuart. 2019. "The Vulnerable Subject." *Societies* 9: 66.

Zygmunt, Joseph F. 1970. "Prophetic Failure and Chiliastic Identity: The Case of Jehovah's Witnesses." *American Journal of Sociology* 75, 6: 926–48.

註

第1章　クリティカル・シンキングとは何か？

1）クリティカル・シンキングに関する文献は幅広い。ERIC（アメリカ教育資源情報センター）のデータベース――教育奨学金を検索する基本的資源――は、その概要のなかに、クリティカル・シンキングに言及する何千もの資料をリストしている。

2）同時に、私たちの学校や大学は一般に、必要なクリティカル・シンキングのスキルを取得している学生がそれほど多くないという批判がある。たとえば、「大学教育の3学期間では……学生のクリティカル・シンキングのスキルにこれといったインパクトは与えない」という衝撃的な研究結果がある（Arum and Roksa, 2011, 35）。

3）Merseth (1993).

4）Neem (2019) は、最も重要なクリティカル・シンキングのスキルは、学問分野に特有のものだと主張している。たとえば歴史学者、文学者、化学者、社会学者は、それぞれ異なる種類のスキルを獲得するということだ。

第2章　社会についての「議論」とは何か？

1）前提―論拠―結論の議論モデルは、Toulmin (1958) から借用した。

第3章　日常生活のなかの議論

1）Kohler-Hausmann (2007) は、「ウェルフェア・クイーン」〔社会福祉制度を悪用して多額の生活保護や給付金を得て暮らす怠惰な女性を指す〕に関するストーリーがどのように福祉政策に関する論争を形成したかについて議論している。

2）たとえば National Center for Statistics and Analysis (2018) を参照。

3）ラテン語の専門用語――前後即因果の誤謬（BがAに続いて起こる場合、AはBを引き起こしたはずだという仮定は間違いであるということ）――は、論理的誤謬の伝統的カテゴリーに属する。本書は特に社会学に関係があると思われるようなものに焦点をあてている。

4）Scherker (2015); Brown (2015).

5）Davis (2015); Gilson (2013).

6）中絶の安全性に関連する問題と証拠のレビューについては、National Academies of Sciences, Engineering, and Medicine (2018) を参照。

7）メタファーの重要性については、Lakoff and Johnson (1980) を参照。特定の

メタファーの社会学的批評については、Best (2018) および Furedi (2018) を参照。

8) これには数多くの文献がある。たとえばZygmunt (1970) を参照。
9) たとえばCollins (2000) を参照。

第4章　社会科学の発想法

1) 18世紀の哲学者デヴィッド・ヒュームは、因果関係の論証を判断する基本的基準を明確にした最初の人物とされている。
2) Becker (1963), 135–46.
3) Dickson (1968), 153 n33.
4) この問題に関する他の例についてはFischer (1970), 169–72を参照。
5) Robin (2004).
6) Laposata, Kennedy, and Glantz (2014).

第5章　なぜ社会科学を信用するのか

1) Shiller (2005).
2) Best (2003).
3) Best (2001a).
4) 社会学者はときに、みずからの学問分野のしくみ——社会学の社会学と呼ばれている——について研究することがある。『ジ・アメリカン・ソシオロジスト』という、このテーマに特化した専門誌もある。

第6章　社会学とはどういう学問か

1) Pease and Rytina (1968); Best (2016).
2) Gubrium and Holstein (1997) の「メソッドトーク」の討論を参照。
3) Best (2006a).
4) 何十年もの間、大学教授の政治的志向性に関する研究は一貫して、社会学はリベラル派および／または民主主義者の人口が最も多い学問分野の一つとされてきた。21世紀の例については、Cardiff and Klein (2005); Gross and Simmons (2014) を参照。
5) 私自身は社会学者に分類されるため、自分が社会学の世界のどこに適合するかについて明らかにするのがおそらく公平だろう。ほとんどの社会学者と同様、私もまた自分自身を政治的にリベラルだと考える。私の主な社会学陣営は、理論的 (シンボリック相互作用論) および実質的 (社会問題の構築に関する研究) である。
6) Cole (1994, 2006).

第7章　社会学における立場の違い

1）Pinker (2018).
2）社会学者ではないが、Diamond (2005) は崩壊のケーススタディを提供している。
3）Herman (1997).
4）たとえばLareau (2011) を参照。
5）Goffman (1952). ゴッフマンの古典的著書『アサイラム』における喜劇的スタイルについての詳細な分析については、Fine and Martin (1990) を参照。
6）M. Davis (1993), 150.
7）たとえばBrooks (2000) を参照。ウルフについてはBest (2001b) を参照。
8）Parkinson (1957); Peter and Hull (1969).

第8章　言葉の問題

1）Best (2003).
2）多くの例があるが、古典的な批評としてはMills (1959) とSorokin (1956) がある。
3）Becker (1986).
4）Billig (2013).
5）Smith (1992).
6）Best (2006b).
7）これらは新しい問題ではない。Allport (1954) は*Negro*を大文字で始めないのは問題だと考えていた。
8）Goffman (1961).
9）Furedi (2016); Haslam et al. (2020).
10）Goffman (1961), 4.（強調は原著者による）

第9章　社会についての「問い」と「測定」

1）Mosher, Miethe, and Phillips (2002).
2）Mosher, Miethe, and Phillips (2002).
3）Lee (2007).
4）これは幅広い主題を取り扱った短い書物なので、必然的に数多くの詳細が触れられないままとなっている。他の著者が、研究を疑うことに関するより詳細な指針を提示しており（たとえばHarris (2014); Nardi (2017); Ogden (2019)）、社会科学的方法論に関しては膨大な文献がある。

第10章　比較は大事

1）スポンサーとなっている製薬会社が研究を自社製品の価値に落とし込む様々な方法については、Goldacre (2012) を参照。

2）このロジックの古典的な言明は、Glaser and Strauss (1967) に掲載されている。

第11章　社会現象の「傾向」の捉え方

1）この用語はSelvin (1958) による造語だが、彼はこの考え方をRobinson (1950) による過去の論文からのものとしている。

2）たとえばBuckingham, Comen, and Suneson (2018).

3）Federal Bureau of Investigation (2018).

第12章　証拠を吟味する

1）Eisner (2003).

2）Robin (2004).

第13章　自分自身を疑う

1）Harrington (1997).

2）Rosenthal (1966).

3）Robin (2004).

4）Rosenthal and Jacobson (1968).

5）Janis (1982).

6）Lareau (2011).

7）これらの悪戯心によるスキャンダルについては、Pluckrose, Lindsay, and Boghossian (2018); およびSokal and Bricmont (1998) を参照。〔1994年、ニューヨーク大学の物理学者アラン・ソーカルが、数学・物理学用語とポストモダン系の用語を散りばめた論文を、評論誌『ソーシャル・テクスト』に送ったところ、受理、96年に掲載された。その後ソーカルはその論文が辻褄の合わない論文であることを公表した。いわゆる「ソーカル事件」が有名である。フランス現代思想の影響を受けたポストモダン流の人文社会研究に対する批判を目的にしたものであった。〕

第14章　論じるのが厄介なテーマ

1）Ryan (1971).

2）Reckless, Dinitz, and Murray (1957). この用語はもちろん、社会学者がその言語から（特に女性に対する）性差別を根絶しようとする前に生じた。

3) Waiton (2019).
4) Embrick, Dominguez, and Karsak (2017).
5) Bonilla-Silva (2015).
6) Redding (2013).

【著者】

ジョエル・ベスト（Joel Best）

1946年生まれ。デラウェア大学社会学・刑事司法学部教授。カリフォルニア大学バークレー校博士課程を修了。1971年にPh.D.（Sociology）を取得。著者に『統計学はこうしてウソをつく——だまされないための統計学入門』（林大訳、白揚社）、『社会問題とは何か——なぜ、どのように生じ、なくなるのか』（赤川学監訳、筑摩書房）などがある。

【訳者】

飯嶋貴子（いいじま　たかこ）

翻訳家。サンフランシスコ州立大学大学院比較文学修士課程修了。早稲田大学大学院文学研究科博士後期課程満期退学。訳書にフレンドリー＆ウェイナー『データ視覚化の人類史——グラフの発明から時間と空間の可視化まで』、ローゼンブラッド『Uberland ウーバーランド』、パウンドストーン『世界を支配するベイズの定理』（以上、青土社）などがある。

Think critically　クリティカル・シンキングで真実を見極める

2021年12月20日　初版第１刷発行

著　者――――ジョエル・ベスト
訳　者――――飯嶋貴子
発行者――――依田俊之
発行所――――慶應義塾大学出版会株式会社
〒108-8346　東京都港区三田2-19-30
TEL〔編集部〕03-3451-0931
〔営業部〕03-3451-3584〈ご注文〉
〔　〃　〕03-3451-6926
FAX〔営業部〕03-3451-3122
振替　00190-8-155497
https://www.keio-up.co.jp/
装　丁――――Malpu Design（清水良洋）
ＤＴＰ――――アイランド・コレクション
印刷・製本――中央精版印刷株式会社
カバー印刷――株式会社太平印刷社

Printed in Japan ISBN 978-4-7664-2786-8